文通天下

突　破　认　知　的　边　界

1500句夸出优秀孩子

鼓励式教育

苏语童 ◦ 著

光明日报出版社

图书在版编目（CIP）数据

1500句夸出优秀孩子：鼓励式教育 / 苏语童著．北京：光明日报出版社，2025. 8. -- ISBN 978-7-5194-8904-5

Ⅰ. G78

中国国家版本馆CIP数据核字第2025Q6W691号

1500 句夸出优秀孩子：鼓励式教育

1500 JU KUA CHU YOUXIU HAIZI : GULI SHI JIAOYU

著　　者：苏语童

责任编辑：孙　展　　责任校对：徐　蔚

特约编辑：徐名扬　　责任印制：曹　诤

封面设计：于沧海　　内文插画：中采绘画

出版发行：光明日报出版社

地　　址：北京市西城区永安路106号，100050

电　　话：010-63169890（咨询），010-63131930（邮购）

传　　真：010-63131930

网　　址：http://book.gmw.cn

E - mail：gmrbcbs@gmw.cn

法律顾问：北京市兰台律师事务所龚柳方律师

印　　刷：河北文扬印刷有限公司

装　　订：河北文扬印刷有限公司

本书如有破损、缺页、装订错误，请与本社联系调换，电话：010-63131930

开　　本：170mm × 240mm　　印　　张：20

字　　数：219千字

版　　次：2025年8月第1版

印　　次：2025年8月第1次印刷

书　　号：ISBN 978-7-5194-8904-5

定　　价：68.00元

让每一句赞美都助力孩子成长

在孩子的成长过程中，父母的语言如同一把无形的刻刀，悄然塑造着他们的性格、能力与价值观。但许多家长发现，自己明明在努力赞美孩子，效果却往往不尽如人意：有的孩子听到表扬后沾沾自喜，有的则对夸奖无动于衷，甚至有些孩子因害怕失去父母的认可而陷入焦虑。这些问题背后，往往隐藏着一个被忽视的原因——夸奖是一门需要智慧与策略的艺术。

在传统教育观念中，夸奖常被视为简单的鼓励工具，但现代儿童心理学研究揭示了一个关键结论，无效的夸奖可能比批评更具破坏性。斯坦福大学心理学家卡罗尔·德韦克通过长达十年的成长型思维实验证明，当父母习惯用"你真聪明"这类结果导向的赞美时，孩子会逐渐形成固定型思维，他们将失败视为对自我价值的否定，从而逃避挑战；而聚焦于过程的具体夸奖则能培养孩子克服困难的韧性与学习内驱力。

这正是本书创作的初衷——它不仅是一本夸奖金句集，而且是一套基于儿童发展心理学、教育行为学的前沿方法论。我们通过六大维度、1500多个真实精准话术，避免家长掉进"你真棒""做得好"的笼统赞美陷阱，让每一句夸奖成为孩子能力提升的脚手架、品格塑造的催化剂。

在第一章，我们系统拆解了这些原则的实践路径，从戒断完美主义的家长心态调整，到及时性、分寸感的操作技巧，再到当众夸奖、鼓励与赞美协同的细致操作，构建起夸奖的完整思维框架。比如，当面对沉迷游戏的孩子，一句"妈妈注意到你今天主动设置了游戏时间提醒，这种自我约束的意识特别棒"，既肯定了具体行为，又强化了自我管理能力，远比"你真自觉"更具引导价值。

在第二到第六章，我们则从生活习惯、学习习惯、人际交往、个人成长、品质品格塑造等五个方面，根据场景进行了教育思路的拆解和具体的夸奖建议。本书的独特价值在于，它突破了传统教育书籍重理论、轻场景的局限，将科学夸奖法嵌入这几个关键成长领域，环环相扣地引导孩子从被动接受转化为主动成长。例如第五章中，针对孩子遇事容易慌张的常见问题，我们建议夸孩子的应变力，把负面因素转化为积极行动，比如“刚才停电时你马上找出手电筒，这种快速反应能力连妈妈都要向你学习”，这句话不仅缓解了孩子的焦虑，更将其行为与应变能力这一核心素质建立联结，形成积极的自我认知。

在这个充斥着内卷焦虑的时代，许多家长陷入拼命纠错的教育误区：他们用显微镜寻找孩子的不足，却忽略他们的进步。本书试图传递一个更深层的教育哲学：真正的教育不是修剪瑕疵，而是点燃火种。当我们学会用发现闪光点的视角替代寻找扣分项的惯性，孩子便能从被评价的客体转变为自我成长的主体。

书中 1500 多条精心设计的表扬方法，本质上是一把把打开孩子潜能之门的钥匙。翻开这本书，你或许会惊讶于那些看似平常的生活场景中，竟蕴含着如此丰富的教育契机；你也会发现，那些曾令你焦虑的问题行为，只需转换视角，就能转化为培养孩子核心素养的绝佳切入点。

当你开始用本书中的方法真诚赞美孩子时，改变的不仅是孩子的行为模式，更是整个家庭的教育生态。你会看到那个曾经拖沓的孩子逐渐学会时间管理，那个害羞退缩的孩子开始勇敢表达，那个遇事轻易放弃的孩子展现出令人惊喜的韧性……这些转变的背后，正是科学夸奖唤醒的内在成长力量。教育的美好，终将在这份智慧的滋养中，悄然绽放。

目 录
contents

第五章 夸个人成长，引导孩子全面发展

第六章 夸品质品格，树立正确人生观

第一章

夸奖有思路，才能说到点子上

做好期望管理，不做完美主义家长

情景展现

妈妈对欣欣要求严格，每当欣欣做完一件事情，妈妈总会挑出她觉得不满意的地方。爸爸认为妈妈太过于追求完美了。

问题分析：家长追求完美，会抑制孩子尝试的勇气

完美主义家长往往对孩子的要求过高，期望孩子在任何方面都能做到最好。这种高期望会给孩子带来巨大的心理压力，导致他们害怕失败，不敢尝试新事物。当孩子无法达到家长的完美要求时，他们可能会对自己的能力产生怀疑，进而缺乏自信心。完美主义家长往往只关注孩子的成绩和表现，而忽视了孩子的兴趣和个性发展。这种教育方式很可能会限制孩子的全面发展，让他们失去探索和创新的勇气。

教育思路：摒弃完美追求，成为孩子的坚强后盾

在当今这个充满竞争的社会中，家长们往往期望孩子能在未来的舞台上大放异彩，于是不自觉地提升了教育标准，追求所谓的完美成果。同时，家长们可能还深受自身经历的影响，将未竟的梦想寄托于孩子身上，希望他们能弥补自己人生的遗憾，达到心中的完美境界。加之社会上“鸡娃”现象的盛行，家长们很容易随波逐流，陷入培养完美孩子的怪圈。

我们必须认识到，每个孩子都是独一无二的，他们的成长节奏和能力各不相同。因此，家长应调整心态，从以下几个方面着手，摒弃完美主义，成为孩子真正的支持者。

· 理性设定期望

家长们常陷入完美主义的陷阱，对孩子寄予过高期望，甚至盲目自信地认为孩子将来会成为各领域的佼佼者。这种不切实际的期望只会给孩子带来沉重的压力，也让家长在孩子未达预期时倍感失落。因此，家长应理性看待孩子的独特性，根据他们的年龄、能力和兴趣来设定合理的期望。关注孩子的成长过程和学习态度，而非仅仅盯着结果。当孩子取得

点滴进步时，及时给予肯定和鼓励，帮助他们树立自信，激发内在动力。

·宽容面对错误

有些家长担心孩子犯错会影响未来成长，因此对孩子要求严苛，不容许任何失误。这种态度会压制孩子的探索精神，让他们害怕尝试新事物。家长应转变观念，认识到错误是孩子成长中不可或缺的一部分。当孩子犯错时，家长要耐心倾听他们的想法，共同分析错误原因，寻找改进方法。通过引导孩子从错误中学习，培养他们的抗挫能力和解决问题的能力。

·尊重个性发展

家长们往往难以摆脱望子成龙、望女成凤的心态，希望孩子按自己的期望发展，却忽视了孩子的个性和兴趣。这种教育方式会让孩子感到压抑和束缚，无法充分发挥潜力。家长应尊重孩子的个性和兴趣，鼓励他们追求热爱的事物。通过支持孩子发展兴趣爱好，帮助他们发现自我价值。同时，家长要以身作则，分享自己的成长经历和应对挑战的方法，展示如何面对不完美和失败，引导孩子积极面对生活中的各种挑战，教会孩子正确看待挫折和困难。

夸孩子金句实例

孩子完成作业时，可以这样肯定他／她：

1. “今天的作业虽然有一些错误，但你认真检查了好几遍，这种态度值得表扬。”

2.“比起上周，你的字迹已经工整了许多，进步很明显。”

3.“数学题中有些步骤比较复杂，但你用心思考并坚持写完了，没有半途而废，这很重要。”

4.“这篇作文可能还有些小瑕疵，但开头部分特别吸引人，已经很棒了！”

5.“你这次按时完成了所有作业，效率比以前提高了不少，这就是成功的第一步。”

6.“遇到不会的难题时，你能主动请教老师，这是一种好的学习方法。”

7.“记得上个月你还害怕难题，现在却愿意尝试解决，这种改变真的让我感动。”

8.“你每一道错题都认真订正了，这就是成长。”

孩子参与比赛或活动时，可以这样称赞他 / 她：

9.“名次不重要，你敢于站上舞台，这份勇气就已经超越了很多人。”

10.“上次跑步时还气喘吁吁，这次居然跑完全程，妈妈为你感到骄傲。”

11.“相比之前的紧张表现，今天你在台上更加自信了，这种变化令人欣喜。”

12.“即使没能获奖，你的团队合作精神和努力付出依然值得大大的掌声。”

13.“你刚开始训练时动作还不熟练，现在却能流畅完成，这样的进步真让爸爸妈妈骄傲！”

14.“记得你第一次参加比赛时手足无措，今天却从容应对，这种变化让人刮目相看。”

孩子处理人际关系时，可以这样赞扬他 / 她：

15.“虽然有时候还会害羞，但你已经能主动跟同学打招呼了，这是很好的开始。”

16.“上次你和同学因为意见不合而闹别扭，这次却能冷静沟通，这种变化让我感到惊喜。”

17.“你愿意倾听别人的想法，并试着理解他们的感受，这种包容心真的很宝贵。”

18.“与朋友发生矛盾后，你能反思自己做得不恰当的地方，并主动修复关系，这种行为值得所有人学习。”

19.“你以前不太敢表达自己，现在却能勇敢说出内心的想法，这种转变真棒。”

20.“你始终都能真诚待人，这种态度是最可贵的。”

21.“你邀请新同学一起玩游戏，帮助他们融入集体，这种善良和热心让人感动。”

22.“虽然偶尔还是会遇到人际困扰，但你总能找到合适的方法解决问题，真厉害！”

孩子面对挫折或失败时，可以这样鼓励他 / 她：

23.“你这次的考试成绩虽然不够理想，但你总结了问题并制定了改进计划，这才是关键。”

24.“失败不可怕，可怕的是放弃。你选择继续努力，这种精神真的值得点赞。”

25.“记得上次遇到困难你还想退缩，这次却迎难而上，这种勇气让人刮目相看。”

26.“不要因为一次跌倒就否定自己，看看你一路上克服了多少挑战，这才是真实的、有力量的你。”

27.“不要给自己太大压力，只要你尽力了，无论结果如何都值得骄傲。”

夸奖要走心，挖掘孩子的不同特质

情景展现

磊磊爸爸经常夸奖磊磊，但夸奖的内容总是千篇一律，缺乏针对性和深度。妈妈发现这个问题后，认为爸爸应该更加用心地夸奖孩子。

问题分析：不走心的夸奖影响孩子的自我认知

家长在夸奖孩子时，如果只是笼统地说“你真棒”“你真聪明”，却不具体指出孩子的优点和努力，这样的夸奖缺乏真诚和深度，难以让孩子感受到真正的认可。不走心的夸奖会让孩子感到虚伪和不被尊重。他们能从大人的语气和眼神中读出真诚与否，当夸奖缺乏真心时，孩子会感到被敷衍对待，可能会失去对夸奖的信任和期待。甚至可能会对自己的能力和价值产生怀疑，无法准确了解自己的长处和短处，让孩子陷入一种无所适从的迷茫状态。

教育思路：夸奖要走心，挖掘孩子的不同特质

家长夸奖孩子难以走心，从客观因素分析，是因为现代生活节奏加快，家长常常忙于工作和家务，缺乏足够的时间和精力去深入了解孩子的成长细节，因此在夸奖时只能泛泛而谈，难以做到具体深入。从主观方面来看，家长可能缺乏科学的育儿知识和方法，不知道如何通过有效的夸奖来激励孩子，也就意识不到走心夸奖的重要性。家长可以从下面几个方面进行改进，让夸奖不再显得空洞和缺乏诚意。

· 关注孩子的细节表现

家长关注不到孩子的细节表现，就难以在夸奖时做到符合实际，也无法让孩子看到家长的用心。为了改变这一情况，家长可以设定一些固定的亲子时间，如晚餐后的散步、周末的家庭活动等，可以利用这些时间深入了解孩子的成长细节。同时，家长可以学习一些育儿知识，了解孩子在不同年龄段的发展特点，从而更敏锐地捕捉孩子的成长瞬间。在夸奖时，家长可以具体描述孩子的表现，如“你今天在画画时颜色搭配

得很棒，看起来很有创意”，这样的夸奖能够让孩子感受到家长的关注和认可。

· 挖掘孩子的独特特质

每个孩子都是独立的个体，他们与众不同，不希望父母对自己进行敷衍式的夸奖。如果家长不能抓住孩子的独特特质，就难以夸出走心的效果，起不到鼓励的作用。家长在陪伴孩子时，除了更多地参与到他们的兴趣爱好和活动中，还需要用心观察体会，了解孩子真正的特点所在。在夸奖时，家长可以突出强调孩子的独特特质，如“你对音乐有很高的敏感度，每次听你弹琴都是一种享受”，这样的夸奖能够让孩子更加自信地展现自己的个性。

· 关注孩子的情感需求

当家长竭力满足孩子的物质需求时，往往忽视了孩子的情感需求。他们可能认为只要让孩子吃好喝好就够了，忽略了孩子对关爱和陪伴的渴望。此外，一些家长可能缺乏情感表达的能力，不知道如何向孩子表达爱意和认可。真正走心的夸奖，是要和孩子产生情感共鸣的。比如“看到你今天这么开心，我也很幸福。你的笑容是我最大的动力”，这样的表达能够让孩子感受到家长的在意。同时，家长还可以鼓励孩子表达自己的情感，与他们建立更加紧密的情感联系。

夸孩子金句实例

孩子解决了一个难题，可以这样走心夸奖：

28. “你解这些题的思路非常清晰，看来你的逻辑思维又提升了一个层次。”

29. “你遇到困难时不急躁，而是冷静分析，这种态度太棒了。”

30. “你找到了问题的关键点，这种洞察力让我刮目相看。”

31. “你尝试了好几种方法去解同一道题，这种探索精神值得称赞。”

32. “你总能找到与众不同的解决方案，这种创造力是你的天赋。”

孩子完成了家务劳动，可以这样走心夸奖：

33. “你把桌子擦得干干净净，连边角都没有遗漏，真是细心又负责。”

34. “你主动承担家务活，这种责任感让我非常欣慰。”

35. “你叠衣服的手法越来越熟练了，比妈妈叠得还要整齐呢。”

36. “你今天洗的碗像新的一样，真干净！”

37. “你把玩具分类放好，这样找起来方便多了，这个分类收纳的方法太棒了。”

孩子完成了一幅绘画作品，可以这样走心夸奖：

38.“你的色彩搭配真大胆，这种对比让整幅画看起来特别有冲击力。”

39.“我注意到你在细节上花了很多心思，比如这些树叶的纹理，真的很精致。”

40.“你对光影的处理很有想法，尤其是这里的一抹亮色，太吸引人了。”

41.“你把人物的表情画得栩栩如生，仿佛他们真的在跟我说话一样。”

42.“这幅画让我想起了小时候的梦想，你的创作能力真是太棒了！”

孩子帮助了他人后，可以这样走心夸奖：

43.“你刚才主动扶那位奶奶过马路，这种善良的行为让我非常感动。”

44.“你总是能察觉到别人的需要，这种敏锐和体贴是很难得的品质。”

45.“看到你关心同学的样子，我觉得你是一个真正懂得爱的孩子。”

46.“你的行动告诉我，什么是真正的同理心，你是我的榜样。”

47.“你今天帮助朋友解决了问题，他一定因为有你这样的朋友而感到幸福。”

48. “你总是默默付出，从不求回报，这种无私让我为你骄傲。”

49. “你今天的举动让我明白了什么是‘赠人玫瑰，手有余香’。”

孩子在运动中表现出色，可以这样走心夸奖：

50. “你传球的时机把握得太好了，队友都因为你变得更有信心。”

51. “你摔倒后还能站起来继续跑，这种毅力真的让人敬佩。”

52. “你投篮的动作非常标准，看得出来你平时练得很认真。”

53. “你的团队精神特别强，总是在关键时刻为队友加油打气。”

54. “你不仅身体素质好，还善于思考战术，这是优秀运动员的潜质。”

55. “你面对压力时依然保持冷静，这种心理素质太难得了。”

56. “你对体育运动的热爱感染了我们所有人，谢谢你带来的正能量。”

纵向比较，发现孩子的进步

情景展现

晨晨妈妈总是拿晨晨和别的孩子进行比较，让晨晨很郁闷，爸爸提醒妈妈，要看到晨晨的进步。

问题分析：只做横向比较不做纵向比较的坏处

纵向比较是指关注孩子自身在不同时间点的成长和变化，而横向比较则侧重于孩子与他人之间的差异。在教育孩子的过程中，一些家长倾向于将孩子与他人进行横向比较，却忽视了纵向比较的重要性。这会让孩子感到自卑和压力，因为他们总是被要求超越别人，而不是根据自己的节奏和能力逐渐进步。这种比较方式会阻碍孩子的个性发展，使他们过于关注外界评价，忽视了自己的成长规律。

教育思路：从纵向视角出发，激发孩子的内在潜力

社会环境中的竞争氛围浓厚，家长可能不自觉地受到这种氛围的影响，期望孩子能在同龄人中脱颖而出，因此更倾向于横向比较。横向比较的结果往往更为直观和量化，如成绩排名等，这使得家长更容易依赖这种评价方式。然而，这种比较方式会忽视孩子多方面的进步和成长，不利于孩子形成内部评价体系。所以，家长尽量还是要从纵向视角出发，激发孩子的内在潜力。

·记录孩子的成长轨迹

在快节奏的现代生活中，家长们往往容易忽视孩子的细微成长，更多地关注他们是否达到了某个预设的标准。这种忽视可能导致孩子对自己取得的进步缺乏认识，进而影响到他们的自信心和动力。因此，记录孩子的成长轨迹显得尤为重要。家长可以为孩子建立专属的成长档案，记录他们在不同领域的成长点滴。内容包括但不限于学习成绩、兴趣爱好、社交能力等。并且可以定期与孩子一起回顾成长档案，让他们看到自己的进步和变化。同时，鼓励孩子分享自己的感受和想法，增强他们的参

与感和成就感。

· 让纵向夸奖具体化

泛泛而谈的夸奖往往缺乏针对性和深度，难以让孩子真正感受到自己的优点和进步。相比之下，具体化的夸奖能够让孩子明确知道自己在哪些方面做得很好，更具有针对性。家长在日常生活中，要注意观察孩子的行为和表现，特别是他们在某个领域取得的小进步。将这些表现记录下来，作为夸奖的依据。比如，孩子的书写练习从原来的 B 提升到 A，可以针对孩子书写的前后对比，夸奖孩子在书写上的用心和进步。

· 创造纵向成长的环境

孩子如果没有明确的目标，就会对自己的定位和发展没有概念，家长可以帮助孩子设定短期和长期的目标，创造一个有利于纵向成长的环境，鼓励他们不断尝试新事物、挑战自己。在这个环境中，孩子可以自由地探索自己的兴趣和潜能，不断发现自己的优点和不足。同时，家长通过与孩子一起制定成长计划，也会更加关注、了解他们的成长需求，方便做纵向的成长对比。

夸孩子金句实例

孩子解决难题时，可以这样纵向对比肯定他 / 她：

57. “你以前遇到难题就放弃，现在却能冷静分析，一步步找到答案，这种韧性真难得。”

58.“你刚开始解方程时还经常算错，现在复杂的应用题也能用方程迎刃而解，你太厉害了。”

59.“记得你第一次玩拼图时拼错了好几次，现在却能迅速拼好上千块的大拼图，耐心值爆表！”

60.“你过去解奥数题总依赖提示，现在能独立思考并给出正确答案，思维能力显著提升。”

61.“你从一开始对几何毫无头绪，到现在能熟练地画辅助线，这种突破值得庆祝。”

62.“你之前面对编程任务一脸茫然，现在却能设计小游戏，你的学习能力太强了！”

63.“你刚开始接触魔方时怎么也转不对，现在秒解六面，简直是高手。”

64.“你以前计算速度慢，容易粗心出错，现在又快又准，数学基础打得特别牢。”

65.“与几个月前的解题方法相比，你现在的思路更清晰、更高效，真是肉眼可见的进步。”

孩子参与社交与合作时，可以这样纵向对比表扬他/她：

66.“你以前很害羞，总是不敢主动打招呼，现在却能大方地融入新环境，社交能力明显提高了。”

67.“你刚开始在小组讨论时很少发表意见，现在却能提出建设性建议，角色转变真大。”

68.“从独自玩耍到主动邀请小伙伴一起玩游戏，你这种开朗的心态让我感到欣慰。”

69. “你以前和同学发生矛盾时只会哭，现在却能冷静沟通、解决问题，情商越来越高了。”

70. “记得你第一次参与班级活动时躲在角落里，今天却成为全场最活跃的人之一，太棒了。”

71. “你过去害怕公开表达想法，现在却能带领团队完成任务，说明你的领导力正在悄悄萌芽。”

72. “与半年前的内向相比，现在的你开朗又健谈，这种蜕变让人由衷地感到高兴。”

孩子做家务劳动时，可以这样纵向对比鼓励他 / 她：

73. “你以前洗碗时总会打碎盘子，现在不仅速度快而且干净整洁，完全是个好帮手了。”

74. “记得你第一次扫地时满屋子灰尘飞扬，现在能把地面擦得光洁如镜，进步显而易见。”

75. “你去年刚学切菜时还担心会割到手，现在刀工利落又均匀，简直可以当厨师了。”

76. “你以前叠的衣服总是皱巴巴的，现在叠的衣服平整得像商店里挂出来的一样，太专业了。”

77. “你第一次做早餐时把鸡蛋煎煳了，今天却做出了完美的荷包蛋，厨艺突飞猛进啊。”

78. “你以前收拾书桌总是敷衍了事，现在物品摆放井然有序，效率也高了很多。”

79.“你刚学拖地时还会留下水渍，现在地板干爽又明亮，看来你掌握了诀窍。”

在孩子的运动表现上有进步时，可以这样纵向对比激励他 / 她：

80.“你去年跑一千米还需要停下来休息，今年却能一口气完成，耐力提高了不少。”

81.“你刚开始游泳时还怕水，现在居然敢挑战深水区了，这份勇气值得表扬。”

82.“你之前投篮命中率很低，最近几场比赛几乎百发百中，这背后一定付出了很多努力。”

83.“你过去跳绳一分钟只能跳几十个，现在轻松突破一百大关，这种进步太惊人了。”

84.“记得你第一次参加接力赛时紧张得掉棒了，这次却稳稳接住并冲向终点，太棒了。”

85.“你从前踢足球总是抢不到球，现在不仅能控球还能助攻队友，你的技术突飞猛进啊。”

86.“你以前跑步姿势不标准，现在步伐轻盈又有力，你的教练都夸你是队里的榜样呢。”

87.“相比你一年前的体能测试成绩，你现在各项指标都名列前茅，这是坚持锻炼的结果。”

夸奖要具体到事，才是有效表扬

情景展现

乔乔妈妈对孩子经常不经过自己大脑思考地就一顿夸奖输出，但是孩子却没有被表扬后的开心，爸爸建议妈妈夸奖孩子要具体。

问题分析：盲目夸奖孩子的陷阱

“你真棒”“太聪明了”这类空泛的夸奖像飘在空中的气球，看似美好却无法落地。孩子无法从中明确自己的优势，反而会陷入自我怀疑：我到底哪里做得好？这种迷茫可能导致孩子在遇到挫折时，直接否定自己的整体能力而非改正具体问题。因此，家长盲目给予孩子夸奖，就像陷阱一样，会将孩子引入盲区。

教育思路：让夸奖成为精准导航仪

家长在夸奖孩子时之所以盲目，一方面是因为对孩子不够了解，另一方面是没有掌握夸奖的方法，不懂得具体准确地夸奖孩子。家长可以尝试使用以下的思路，了解孩子的情况，争取做到让夸奖言之有物且具体细致。

· 建立“观察—记录—反馈”机制

家长在夸孩子时如果觉得无从下嘴，那说明对孩子的了解不够仔细。因为家长夸奖孩子的前提是了解其真实表现，想要做到这一点，家长可以建立一套“观察—记录—反馈”的机制。

认真观察：在日常生活中，家长要有意识地关注孩子的行为细节，尤其是那些容易被忽略的小进步。例如，孩子今天主动整理了自己的书桌，或是在课堂上勇敢地举手发言。

仔细记录：通过日记、手机备忘录等方式，将这些细节记录下来。这不仅能帮助家长积累夸奖素材，还能更清晰地展现孩子的成长轨迹。

用心反馈：基于观察和记录的内容，家长可以给予具体而真诚的夸奖。例如，“我发现你最近每天都会提前预习功课，这种学习习惯真的很好，值得表扬。”通过这一机制，家长的夸奖不再流于表面，而是能够精准地指向孩子的努力和进步。

· 掌握“行为＋价值”夸奖公式

为了让夸奖更具针对性和深度，家长可以掌握“行为＋价值”的夸奖公式。这个公式的核心是，先描述孩子的具体行为，再强调该行为背后的意义或价值。

行为：指出孩子做了什么。例如，“你今天主动帮奶奶端茶倒水。”

价值：说明这一行为体现了什么样的品质或带来了怎样的影响。例如，“这种孝顺和体贴让奶奶非常感动，也让咱们全家都感到温暖。”

通过这样的夸奖方式，孩子不仅能清楚地知道哪些行为得到了认可，还能理解这些行为背后的积极意义，从而更加自信地展现自己的优点。

· 开展“双向夸奖”训练

夸奖并非只是家长单方面的输出，也可以成为亲子互动的一部分。家长可以通过双向夸奖训练，让孩子学会发现他人的优点，同时提升自我认知能力。

家长可以先主动夸奖孩子，同时引导孩子思考自己在其他方面是否也体现了类似的优点。例如，“我觉得你画画时特别专注，这是非常难得的品质。你觉得还有哪些地方也体现了你的专注呢？”

家长还可以鼓励孩子反过来夸奖家长或其他家庭成员。例如，“妈妈今天做了一顿丰盛的晚餐，我觉得她很用心。你想怎么夸夸妈妈呢？”这种互动不仅能增进亲子关系，还能帮助孩子学会欣赏他人，培养同理心和感恩之心。通过夸奖训练，夸奖不再是一种单向的认可，而是成为一种双向的情感交流，让孩子在其中感受到更多的爱与支持，对孩子来说也是另外一种形式的激励。

夸孩子金句实例

孩子在学校表现优秀时，可以这样称赞他／她：

88. “听老师说，今天课堂上回答问题时，你的声音洪亮又自信，思路也非常清晰。老师和同学们一定印象深刻。”

89. “这次数学考试中，你解应用题的方法特别巧妙，不仅节省了时间，还展现了很强的逻辑思维能力。”

90. “因为提前预习了课文，老师提问时你第一个举手，那份充分的准备让我看到了你的努力。”

91. “你写的作文里那些生动形象的比喻句，读起来仿佛把人带进了画面中，你的文字感染力越来越强了！”

92. “在小组讨论中，你提出的关键意见直接帮助大家找到了答案，这样的贡献不可或缺。”

93. “默写的单词不仅全对，字迹还工整得像印刷体一样，看得出来你复习时下了不少功夫。”

94. “你今天的科学实验操作规范，数据记录准确无误，这种严谨的态度正是科研工作者应有的品质。”

95. “你主动帮同桌讲解难题，让他也理解了知识点，这种乐于助人的精神值得所有人学习。”

96. “考试前制定详细的学习计划并严格执行，这不仅是取得好成绩的关键，更体现了你优秀的规划能力。”

97. “上课专注听讲、笔记条理分明，这些好习惯为你的学习打下了坚实的基础，真的很棒！”

孩子完成了阅读任务时，可以这样夸赞他 / 她：

98. “你今天读故事时语气抑扬顿挫，我都听得入迷了。”

99. “在复述故事时，你逻辑清晰，还补充了自己的看法，非常有深度。”

100. “孩子，你读这本书时标注了很多重点段落，这种习惯很好。”

101. “你能用自己的话总结故事的主要内容了，概括能力很强。”

102. “阅读的时候，你能注意到书中人物的情感变化，并分享了自己的感受，这很难得。”

103. “能够每天坚持阅读半小时，孩子，你这种自律让我感到骄傲。”

104. “对于书籍的选择，你很有想法，挑选的书籍题材丰富，说明你对世界充满好奇心。”

孩子完成了一项手工制作时，可以这样夸奖他 / 她：

105. “这只纸鹤被你折得如此对称，翅膀线条的流畅度真是令人赞叹！”

106. “瞧瞧你用黏土捏的小动物，栩栩如生，特别是那双眼睛，真是活灵活现，传神至极。”

107. “这次的色彩搭配，你做得真是和谐又出色，鲜艳而不失柔和，真是视觉享受。”

108. “看你在手工作品的制作过程中，对每个细节的耐心调整令人钦佩，连底座都做得如此完美。”

109. “你设计的这个形状真是太有创意了，我从没见过如此独特的造型，真是大开眼界！”

110. “你做手工时的那份专注，真的让人印象深刻，那份认真的态度值得学习。”

111. “能够巧妙地将三种不同材料进行组合，你这种创新思维简直太棒了，让人眼前一亮。”

孩子整理个人物品时，可以这样肯定他/她：

112. “书包里的课本被你按大小排列得井井有条，找东西时一定非常方便吧。”

113. “衣服叠得整整齐齐，连袜子都配对放好，为你的细心点赞。”

114. “你清理书桌时竟然连抽屉内部都擦拭了一遍，做事这么彻底，真让人刮目相看！”

115. “你主动丢掉不需要的废纸，让书包既轻便又整洁，真是一举两得。”

116. “你把鞋子摆成一排，鞋尖朝外，不仅美观，穿起来也更方便了。”

117. “用标签标记每个收纳盒放了什么，以后找东西会轻松很多，你这个方法太赞了！”

夸奖有重点，夸聪明不如夸勤奋

情景展现

晓泽聪明伶俐，数学考试的成绩经常获得满分，爸爸每次都夸他很聪明，晓泽也开始骄傲起来。妈妈看到这个情况后，觉得应该从另一个角度勉励晓泽。

问题分析：强调聪明忽略勤奋的后果

过分夸奖孩子聪明，可能会让孩子变得过于自大自负，认为凭借天赋就能轻松取得成功，从而忽视了勤奋和努力的重要性。这种心态会导致孩子在面对困难和挑战时缺乏毅力和耐心，容易选择放弃。与之相反，夸奖勤奋，则能激发孩子的内在动力，让他们明白成功需要付出努力和汗水。通过勤奋努力获得的成功，不仅能增强孩子的自信心，还能培养其责任感和坚韧不拔的品质。

教育思路：正确看待努力的价值，以勤奋为夸奖焦点

作为家长，很多时候都会觉得自家孩子漂亮、聪明，并且不时给予夸赞。然而过于夸大孩子的聪明，却忽略后天的勤奋，会引发诸多不良后果，因此在教育孩子的过程中，家长应当注重夸奖孩子的勤奋和努力，而非仅仅关注他们的天赋和聪明。家长可以从以下几个方面引导孩子树立正确的价值观。

· 正确看待努力的价值

过度夸奖聪明可能会使孩子忽视努力的重要性，错误地认为只要聪明就能成功。这种观念会导致孩子在学习中缺乏耐心和毅力，难以养成良好的学习习惯。家长可以通过具体事例向孩子说明，努力是成功的关键因素，例如，“你这次考试进步了，是因为你每天都认真复习”。分享一些通过努力取得成功的名人故事，也有助于孩子认识到努力的重要性。

· 以勤奋为夸奖的焦点

只夸聪明，而不夸勤奋，这种夸奖方式可能导致孩子形成依赖天赋、

轻视努力的心理。一旦遇到挑战，他们可能缺乏应对困难的能力和持续学习的动力，进而影响其长期发展。为引导孩子正确认识勤奋的重要性，家长应将夸奖的重点放在孩子的努力过程上。当孩子在学习或生活中展现出勤奋、专注和坚持时，要及时给予肯定和鼓励。这样的夸奖能够激发孩子的内在动力，让他们明白成功离不开勤奋和努力。

· 预防孩子形成固定型思维

当孩子被频繁夸奖聪明时，他们可能会形成“固定型思维”，认为自己的能力是天生的、不可改变的。这种思维模式会让孩子在面对困难时更容易放弃，因为他们害怕失败会证明自己不够聪明。因此，家长应将夸奖的重点放在孩子的努力、坚持和进步上，比如强调孩子做得很好，是因为花了很多时间练习。通过教育让孩子明白，能力是可以通过努力和学习不断提升的，失败也是学习的一部分。

· 防止削弱孩子的抗挫折能力

如果孩子习惯被夸奖聪明，他们可能会将成功归因于天赋而非努力。当遇到挫折时，他们更容易感到沮丧，甚至会认为自己不够聪明而失去信心。所以家长应强调过程而非结果，夸奖孩子在完成任务过程中展现的坚持和韧性，以及面对困难不放弃的优秀品质。同时，还可以帮助孩子认识到失败并不意味着能力不足，困难是可以通过改进方法和努力来克服的。

夸孩子金句实例

当孩子努力学习、展现勤奋态度时，可以这样肯定他/她：

118.“孩子，看到你每天晚上都坚持复习功课到很晚，这种勤奋的精神比任何天赋都珍贵。”

119.“你对待学习的态度真令人欣慰，你的每一个进步，都是你用汗水换来的。”

120.“虽然难题让你皱眉，但你从不放弃，这种勤奋钻研的精神真是太棒了！”

121.“你的成绩进步这么快，与你平时的勤奋是分不开的，妈妈为你感到骄傲。”

122.“看到你为了掌握新知识，不断练习，这种勤奋和毅力将来一定会让你更优秀。”

当孩子面对挑战坚持不懈时，可以这样鼓励他/她：

123.“面对困难，你从不轻言放弃，这种勤奋和坚持比聪明更难得。”

124.“你为了达成目标，一遍遍地尝试，你的每一次尝试，都是对自我的超越。”

125.“你对待每一个挑战都那么认真，这种态度值得所有人学习。”

126.“即使失败了，你也能迅速站起来，继续前行，这种勤奋和乐观的态度让人敬佩。”

127.“看到你为了克服困难，不断寻找方法，这种勤奋和智慧的结合真是太完美了！”

当孩子在日常小事中展现勤奋品质时，可以这样表扬他/她：

128.“你每天早上都能按时起床，这种勤奋自律的习惯让人赞叹。”

129.“你做完作业后，还会主动帮忙做家务，这种勤奋和懂事真是太难得了。”

130.“看到你为了保持身体健康，每天坚持锻炼，这种勤奋和自律的精神让人佩服。”

131.“你对待学习一丝不苟，连笔记都记得那么有条理，这种勤奋和认真的态度太棒了。”

132.“你的勤奋就像一种习惯，渗透到了生活的每一个角落，让人敬佩。”

133.“你的自律让人惊叹，无论做什么事情，你都能保持高度的专注和投入。”

当孩子通过勤奋取得进步和成果时，可以这样赞扬他/她：

134.“成绩提高了这么多，都是源于你的勤奋，真是功夫不负有心人。”

135.“你这次比赛能得奖，完全是因为你平时勤奋练习，这种付出终有回报的感觉真好。”

136.“看到你通过勤奋努力，终于攻克了这个难题，真为你开心。”

137.“你的作品能获得这么高的评价，离不开你平时的勤奋和努力。”

138.“看到你因为勤奋而取得的进步，爸爸妈妈真为你高兴。”

139.“你的勤奋和努力终于得到了回报，这种成就感是无价的。”

140.“你的进步让人欣喜，这是你用汗水和坚持换来的，值得骄傲。”

141.“上天不会辜负勤奋的人，你取得的进步就是最好的证明，继续加油！”

142.“你的成功是勤奋结出来的硕果，证明了努力总会有回报。”

143.“你每一次进步都让人感动，这是你用勤奋和坚持换来的。”

144.“孩子，你勤学上进，坚持不懈，这种品质会让你不断进步的。”

及时夸奖，才能有效反馈

情景展现

薇薇是个心思细腻的孩子，她每次做事情的时候，总会询问爸爸、妈妈的意见，爸爸发现这种情形之后，每次总能及时地夸奖她。

问题分析：不及时夸奖会打击积极性

当孩子做出值得表扬的行为或完成一项任务时，如果家长不能及时给予夸奖，孩子可能会感到被忽视，从而降低积极性和自信心。在这种情形下，孩子可能会认为自己的努力没有得到认可，进而在学习和生活中失去动力。此外，不及时夸奖还可能影响亲子关系，让孩子觉得家长不够关心自己。长期如此，孩子可能会变得内向、自卑，甚至产生逆反心理。

教育思路：夸奖要及时，反馈才积极

没有孩子不喜欢被夸奖，尤其是在刚刚做好一件事之后，及时且有效的夸奖，会增强孩子的自信心。如果家长意识不到夸奖的时效性，可能就无法把握住夸奖的恰当时机，导致夸奖效果大打折扣。家长可以从以下几个方面来了解如何做好对孩子的及时夸奖。

· 认识及时夸奖的重要性

延迟夸奖往往是因为家长对孩子的期望过高或过于挑剔。一些家长可能认为只有孩子取得显著成绩时才值得夸奖，从而忽视了孩子在日常生活中的努力和进步。此外，家长自身的忙碌和疲惫也可能导致夸奖延迟。但家长应认识到，及时夸奖是对孩子行为的正面反馈，能够增强孩子的自信心和积极性。当孩子取得进步或付出努力时，家长的及时肯定能让孩子感受到被重视和认可，激发他们继续前进的动力。

· 把握夸奖的时机

一些家长可能不知道如何恰当地表达夸奖，缺乏夸奖的技巧和经验，进而影响了把握夸奖时机的能力。为了确保夸奖的有效性，家长需要学会把握夸奖的时机。当孩子完成一项任务、解决一个问题或取得某项成绩时，家长应立即给予夸奖。这种即时的正面反馈能够让孩子明确知道自己的行为得到了认可，从而加深他们的成就感和满足感。

· 建立积极的夸奖文化

缺乏夸奖文化可能是因为家长对孩子的教育方式不当或缺乏夸奖的意识。一些家长可能过于注重孩子的成绩和表现，而忽视了夸奖在培养孩子自信心和积极性方面的重要作用。此外，一些家庭可能缺乏开放、包容、相互欣赏的氛围，导致家长难以主动表达夸奖和赞赏。在日常生活中，家长应时刻关注孩子的行为和表现，及时给予正面的反馈和鼓励。同时，家长还可以引导孩子学会自我夸奖和相互夸奖，让他们在相互欣赏和鼓励中成长。这样的家庭环境能够培养孩子的乐观态度和自信心，为他们的未来发展奠定坚实的基础。

夸孩子金句实例

当孩子展现创造力与想象力时，可以这样赞扬他 / 她：

145. “你的创意总是那么新颖独特，让人眼前一亮。”

146. “你的画作构图巧妙，色彩丰富，画画的功底真不错。”

147. “你用简单的材料创造出如此有趣的作品，想象力和动手能力真的很强。”

148. “你的想象力就像一座宝藏，总能挖出让人惊喜的珍宝。”

149.“你的作品充满了童趣和创意，让人感受到了你丰富的想象力。”

150.“这幅美术作品画得很符合主题，你的理解和表达很到位。”

当孩子展现团队合作精神时，可以这样肯定他 / 她：

151.“你总是能积极发表意见，同时倾听他人的想法，这种团队精神真是太棒了！”

152.“你和小伙伴们一起合作完成任务，每个人都发挥了自己的长处。”

153.“看到你为了团队的共同目标而努力，这种团结和协作的精神值得所有人学习。”

154.“你在团队中总是能带动气氛，让大家都充满干劲。”

155.“你的团队合作精神就像一股无形的力量，让小伙伴们都一起努力。”

156.“你能和大家一起在短时间内完成这项实验，说明你能和别人配合默契。”

当孩子展现出勇敢与自信时，可以这样称赞他 / 她：

157.“你面对挑战时总是那么从容不迫，这种自信和勇敢让人佩服。”

158.“即使面对失败，你也能坦然接受并从中吸取教训，这种勇气值得称赞。”

159. “你敢于尝试新事物，不怕失败，这种勇气和探索精神让我们看到了未来的希望。”

160. “你的自信和勇敢就像一束光，会让你做什么事情都信心满满。”

161. “看到你勇敢地面对困难，毫不退缩，这种勇气和毅力让人深受鼓舞。”

162. “你能勇敢做出决定，说明你是一个有担当的孩子。”

当孩子展现出良好的品德与行为习惯时，可以这样鼓励他 / 她：

163. “你对待他人总是那么真诚和善良，这种品德让人感受到了人性的美好。”

164. “你总是主动帮助他人，从不计较个人得失，这种精神很可贵。”

165. “你总是能遵守社会公德，不乱扔垃圾，这种自律和环保意识让人赞赏。”

166. “你的言谈举止总是那么得体大方，说明你是一个素质很高的孩子。”

167. “你的品德影响着周围的人，身边的朋友都喜欢和你相处。”

168. “好习惯让你成为一个自律的人，好习惯也会让你成长为更优秀的人。”

当孩子展现出自我管理与时间管理能力时，可以这样表扬他/她：

169.“在众多科目的学习中，你都能做好时间管理，为你这种自我管理能力点赞。”

170.“看到你每天都能高效地完成计划，这种自律和执行力让人惊叹不已。”

171.“你总是能合理安排时间，学习和娱乐两不误，这种时间管理能力真是让人羡慕。”

172.“看到别人去玩耍，你也能保持冷静并高效地完成自己的任务，真了不起！”

173.“看到你如此出色地管理自己的时间和生活，真是让人看到了未来的无限可能。”

看到孩子的每个微小进步

情景展现

悦悦在学习上一直努力，虽然进步缓慢，但她从未放弃，妈妈把这些都看在眼里，给予了悦悦充分的肯定。

问题分析：忽视微小进步会打击孩子的自信心

在孩子的成长过程中，家长有时过于关注学习成绩，却忽视了孩子在学习过程中所付出的努力和取得的微小进步。当孩子的努力没有得到应有的认可时，便会产生失落感和挫败感。这会逐渐消磨孩子对学习的兴趣和动力，让他们陷入“无论如何努力，都无法得到家长的认可和赞赏”的自我否定困境。如果家长不反思、不纠正这样的做法，长此以往，孩子可能会逐渐放弃努力，产生厌学情绪，严重影响学业发展和未来成长。

教育思路：珍视并夸奖孩子的每个微小进步

作为家长很多时候都怀着望子成龙、望女成凤的殷切期盼，只想让孩子出类拔萃，却容易忽略了他们每一次的微小进步，孩子若长期得不到鼓励可能变得消极懈怠，因此，家长需要学会从细微之处发现孩子的成长和变化，及时珍视并夸奖他们的每一个微小进步。这不仅能增强孩子的自信心和学习动力，还能让他们感受到家长的关爱和支持。具体可以从以下几个方面入手。

· 关注过程而非结果

家长往往更看重孩子考试成绩或比赛名次等学习结果，却忽视了孩子在学习过程中的努力和成长。这种做法容易导致孩子产生“只有成功才会被认可”的错觉，使他们在面对挑战时背负巨大的压力，甚至因为害怕失败而放弃努力。同时，家长忽略过程也意味着错失了与孩子共同成长的宝贵机会，无法深入了解孩子的兴趣、优势和潜在问题。家长应该更多地关注孩子在学习过程中的努力和付出，认可每一个小进步的价值，而不是仅仅看重最终的成绩。

· 及时给予正面反馈

家长对孩子的微小进步视而不见，不够重视，这会让孩子觉得自己的努力毫无意义，进而失去继续前进的动力。正面反馈的长期缺失还会影响孩子的自我认知，让他们难以建立积极的自我形象。所以，当孩子取得微小进步时，家长要及时给予正面反馈和夸奖。这种即时的肯定能够让孩子感受到自己的努力和进步被看见、被认可。

· 分享成长的喜悦

家长不能共情孩子的微小进步，不能提供情绪价值，会导致孩子感到孤独和无助。分享成长的喜悦既能够加深亲子关系，又能让孩子感受到被理解和支持，更加珍视自己的努力成果，增强自信心。所以，家长可以通过具体的事例来表扬他们的进步，与孩子一起分享他们成长的喜悦。这种分享能够加深亲子关系，让孩子更加珍惜自己的努力成果。

· 鼓励持续努力

家长不能有效运用鼓励，让孩子保持动力和热情，会导致孩子在面对困难和挑战时容易放弃。持续的鼓励能够激发孩子的内在动力，培养他们面对挑战的勇气和韧性。所以，在夸奖孩子的同时，也要鼓励他们继续努力，保持学习的热情和动力。家长可以与孩子一起制定学习计划，设定目标，引导他们一步步地实现。

夸孩子金句实例

当孩子在学习上取得微小进步时，可以这样肯定他 / 她：

174.“我看到你今天做作业时更专注了，每一个小进步都值得骄傲。”

175.“你这次练习题的正确率提高了不少，看来你真的在努力，太棒了！”

176.“我发现你最近写字越来越工整了，这种微小的进步也是你努力的结果。”

177.“你今天的阅读速度又快了些，继续加油哦。”

178.“我看到你今天攻克了一道数学难题，这种小的突破一定让人很有成就感。”

当孩子在生活中展现积极变化时，可以这样表扬他 / 她：

179.“你最近开始主动帮忙做家务了，这种小的改变让爸爸妈妈很开心。”

180.“我发现你最近起床准时了不少，真是个自律的好孩子。”

181.“你自主学习编程技术，这种勇于探索的精神真的很棒！”

182.“进门就洗手，做个爱干净的好孩子，弟弟刚才学着你认真洗手呢。”

183.“你最近开始规划自己的时间，这种自我管理的能力真的很重要。”

孩子在学习技能上取得微小进步时，可以这样夸奖他／她：

184.“你的画作色彩搭配越来越和谐了，每次尝试都有新发现，真厉害！”

185.“我发现你在弹这首曲子时，节奏把握得更准确了，付出就有收获。”

186.“你今天的线条画得比昨天更加流畅，看来练习真的很有用。”

187.“你的调色技巧进步明显，画面层次感更强了，继续保持哦。”

188.“我看到你在画画时更注重细节处理了，这种细心观察的能力很难得。”

189.“你开始尝试不同的绘画风格，这种创意和探索精神值得鼓励。”

孩子在体育活动中有了微小进步，可以这样鼓励他／她：

190.“我看到你在跳绳时失误少了，协调性越来越好，继续加油啊。”

191.“你最近投篮的命中率提高了，看来你真的在用心练习。”

192.“你这次跑步的速度比上次快了几秒钟，这种微小的提升也是努力的结果。”

193.“你游泳时的姿势更标准了，这不仅能游得更快，还能减少体力消耗。”

194.“我发现你在做体操动作时更加自信了，每个动作都完成得很到位。”

195.“你跑步时的呼吸节奏控制得更好了，这是长距离跑步的关键。”

孩子在社交活动中更主动了，可以这样称赞他 / 她：

196.“你最近开始主动和同学打招呼，这种友好的态度让人感觉很亲切。”

197.“我发现你在小组讨论时发言更多了，这种积极参与的精神很好。”

198.“你开始学会倾听别人的意见，这种尊重他人的品质很难得。”

199.“你在分享自己的故事时更加自信了，这种开放的态度让人很欣赏。”

200.“你最近开始主动帮助别人解决问题，这种乐于助人的精神值得表扬。”

201.“我看到你在与人交往时更注重使用礼貌用语了，这种文明的行为让人很舒服。”

202.“我发现你在与人交往时更加大方和真诚了，这种相处态度能让你交到更多的朋友。”

当众夸奖，效果翻倍

情景展现

婷婷在学校表现出色，老师和妈妈都当众夸奖了她。但是爸爸没有注意到当众夸奖的效果，于是婷婷告诉了爸爸自己内心的感受。

问题分析：不当众夸奖的弊端

当孩子在学校或其他公共场合取得成绩或表现优秀时，如果家长或老师没有当众给予夸奖，孩子可能会觉得自己的优异表现没有得到应有的认可。这种不被看见的感觉会让孩子感到沮丧和失落，进而削弱他们的自信心和成就感。此外，不当众夸奖还可能让孩子觉得家长或老师不重视自己的努力和进步，从而在学习和生活中缺乏动力。长期下来，孩子可能会变得沉默寡言、缺乏自信，甚至对学习和集体活动产生抵触情绪。

教育思路：当众夸奖让效果翻倍

自谦是一种良好品质，然而有的家长会把谦虚用于不当众夸奖孩子这件事情上，认为当着别人的面夸孩子，会让孩子骄傲自满，或者让别人认为自己在炫耀。但是当众夸奖是对孩子的认可和鼓励，与私下夸奖相比，效果更加显著。如何做好当众夸奖这件事，家长可以从以下几个方面来开展。

· 认识当众夸奖的价值

一些家长和老师可能认为，在众人面前夸奖孩子会让孩子感到尴尬或产生压力。然而，当众夸奖实际上是对孩子行为的一种公开认可，能够让孩子感受到更大的成就感和自豪感。这种正面反馈不仅能够增强孩子的自信心，还能激发他们继续努力和进取的动力。

· 把握当众夸奖的时机

当众夸奖需要选择合适的时机和场合。家长和老师应学会观察孩子的表现和情绪，当孩子取得显著成绩或做出突出表现时，及时在适当的场合给予夸奖，让孩子从中获得成就感和满足感。同时，当众夸奖还能让其他孩子看到优秀的行为模范，起到激励和示范作用。

· 营造当众夸奖的氛围

为了营造当众夸奖的氛围，家长和老师应转变教育观念，注重孩子自我价值感的培养和提升。同时，学校可以组织各种活动和比赛，为孩子提供更多的展示机会和夸奖平台。家长也可以在家庭聚会、朋友聚会等场合，鼓励孩子展示自己的特长和成就，并给予当众夸奖。

· 引导孩子学会当众接受夸奖

除了家长和老师的夸奖外，还应引导孩子学会当众接受他人的夸奖。当孩子受到夸奖时，教会他们表达感谢、体现谦虚的态度。这样不仅能够培养孩子的社交能力，还能让他们更加从容地面对未来的机遇。

夸孩子金句实例

当孩子学习成绩取得进步时，可以这样当众肯定：

203.“你这次考试成绩有了显著提升，你的勤奋和专注真的让我们看到了努力的价值。”

204.“你在数学上的进步全家人都看到了，你的逻辑思维和解题能力都有了质的飞跃。”

205.“你最近在英语上进步神速，单词记得越来越牢，口语发音也更标准了，真是个努力的孩子。”

206.“孩子，你的作文水平提高了很多，文字流畅且富有感染力。”

207.“你这次科学考试成绩优异，尤其对实验的理解和应用能力真的很强，是同学们学习的榜样。”

208.“你在复习时总是那么有计划，知识点掌握得牢固，这次考试成绩的提升就是最好的证明。”

209.“在面对难题时从不轻言放弃，总是积极寻找解决方法，你这种不畏困难的精神必须表扬。”

当孩子坚持锻炼身体时，可以这样当众夸奖：

210.“你每天都坚持早起跑步，这种坚持不懈的精神真的很让人感动。”

211.“你的游泳技术越来越好了，这得益于你每天的坚持练习，真是个有毅力的孩子。”

212.“你的篮球打得越来越棒了，身体素质和球技都有了显著提升，这都是你坚持锻炼的结果。”

213.“你在跳绳比赛中总是能取得好成绩，这离不开你每天的刻苦训练。”

214.“你的体能越来越好了，跑步、跳远都不在话下，真是个健康有活力的孩子。”

215.“每次体育课你都能认真完成每一项任务，从不偷懒，这种对体育的热爱和坚持真的很值得学习。”

216.“每到周末你都能坚持爬山，这种坚持锻炼的习惯以及对自然的热爱真的很让人羡慕。”

当孩子帮助家长做家务时，可以这样当众鼓励：

217.“你总是主动帮忙洗碗、扫地，大家都看到了，你真是个贴心又懂事的孩子。”

218.“你每次看到家里脏了乱了都会主动收拾，这种爱干净又勤劳的品质真的很值得表扬。”

219.“你现在都会帮我们晾晒衣服、叠被子了，真是个能干又细心的孩子。”

220.“每次购物回来你都会主动帮忙提东西，邻居们都夸你是个孝顺的孩子。”

221.“你在周末总是会主动打扫卫生，让我们有更多时间休息，真体贴！”

222.“你现在都帮我们照顾弟弟/妹妹了，给他们讲故事、陪他们玩耍，真是个有爱心的哥哥/姐姐。”

223.“你现在每天主动遛狗，邻居都羡慕咱们家有这么能干的孩子。”

当孩子建立时间观念时，可以这样当众称赞：

224.“大家注意到了，你现在总是能按时完成作业和复习功课，从不拖延，你的时间管理能力真的很强。”

225.“你已经会制定学习计划，并按照计划有序地进行学习，这种自律精神真的很让人佩服。”

226.“每天你都能按时起床、睡觉，作息规律，这对你的学习和生活都有很大的帮助。”

227.“你能充分利用课余时间，既保证了学习又享受了娱乐。你已经学会了合理分配时间。”

228.“你懂得利用碎片时间进行学习或娱乐，这种高效利用时间的能力值得大家学习。”

229.“你现在已经能按计划完成每一项任务，这种自信又自律的精神真的很让人欣赏。”

230.“你已经不再浪费时间在无意义的事情上，真是明智又努力。”

赞美不等于鼓励，二者配合更有效

情景展现

聪聪热爱绘画，每次完成作品后都会得到妈妈的赞美，但爸爸认为只是赞美还不够，要不断鼓励她尝试新风格。

问题分析：缺少鼓励的赞美会让人止步不前

赞美固然重要，它能增强孩子的自信心和自尊心，但若缺乏实质性的鼓励，孩子可能会陷入一种虚假的自我满足中，难以认识到自己的不足和成长的方向。鼓励是引导孩子积极探索、勇于面对挑战的重要动力。如果缺乏鼓励，孩子可能会变得害怕失败，不敢尝试新事物，因为他们在赞美中构建的自我形象太过脆弱，无法承受失败的打击。此外，只赞美不鼓励还可能让孩子形成依赖心理，他们可能会为了得到赞美而刻意表现，而不是出于内在的兴趣和动力做事。

教育思路：赞美优点和鼓励探索双管齐下

在教育孩子的过程中，有的家长往往倾向于赞美孩子的优点和成就，却忽视了鼓励孩子探索未知和挑战自我。为了促进孩子的全面发展，家长应将赞美与鼓励相结合，形成有效的教育策略。可从以下几个方面入手。

· 鼓励孩子探索和挑战

家长在赞美孩子时容易忽略鼓励探索和挑战，这可能是因为担心孩子失败或受伤，从而倾向于保护他们免受挫折。此外，家长自身可能也受传统教育观念影响，认为赞美成绩和优点是最直接有效的教育方式，却忽视了培养孩子探索精神和创新能力的重要性。家长可以通过提问、分享经验等方式，引导孩子思考、探索和尝试。当孩子表现出犹豫或害怕时，家长应给予积极的支持和鼓励，让他们明白失败也是学习的一部分，勇于尝试才是关键。

· 促进孩子形成成长型思维

成长型思维的培养需要时间和耐心，然而有的家长急于看到孩子的进步和成就，忽视了鼓励尝试和接受失败对塑造孩子积极心态的重要性。家长在赞美孩子时，可以强调他们的努力和进步，而非仅仅关注结果。同时，在鼓励孩子尝试新事物时，也要让他们明白失败并不可怕，重要的是从失败中学习并继续前进。这样的教育方式能帮助孩子建立积极的心态，面对困难和挑战时更加坚韧不拔。

· 增强孩子的自我驱动力

部分家长有时候过于关注孩子的学习成绩，却忽略了孩子兴趣和需求的多样性，导致未能有效引导孩子发现自己的内在动力，建立自主学习的习惯。将赞美与鼓励相结合，可以增强孩子的自我驱动力，让他们在没有外部压力的情况下也能主动学习和成长。家长应关注孩子的兴趣和需求，引导他们发掘自己的内在驱动力，从而培养出自律、自主的学习习惯。

夸孩子金句实例

当孩子学习取得进步时，可以这样赞美与鼓励他 / 她：

231. “你这次的学习进步真是让人眼前一亮，你真的很努力，继续保持，会更优秀。”

232. “看到你的成绩一点点提升，我们心里真是充满了骄傲和喜悦。坚持下去，你会越来越棒的。”

233. “学习的进步让我看到了你的潜力和可能性，保持上进之心，会有更多的惊喜。”

234. “你是个善于总结和提升的孩子，每次都能从错误中吸取教训，然后变得更加强大。”

235. “你的进步速度真是让人惊叹，越来越自信，越来越出色。保持认真的态度，你会更加优秀。”

236. “你对待学习的态度真让人佩服，每次都能认真完成作业，还能主动寻找新知识！”

当孩子熟练掌握一项新技能时，可以这样表扬和激励他 / 她：

237. “你这么快就掌握了这项新技能，真是个聪明又勤奋的孩子。继续练习，你会更加精通。”

238. “看到你能这么熟练地运用新技能，真是让人眼前一亮，但不能骄傲，要坚持练习哦。”

239. “你对新技能的掌握真是得心应手，继续挑战更高难度的技能吧，你会有更多收获。”

240. “你真是个善于学习和实践的孩子，每次都能快速掌握新技能。只要用心学，就能不断提升。”

241. “你对新技能的热爱和努力让人十分感动。继续保持这份热情和努力，你会收获更多。”

242. “你是个有毅力的孩子，面对新技能的挑战从不退缩。只要不畏艰难，你就是最终的胜利者。”

243. “你对新技能的掌握速度真是让人惊叹！继续发挥你的

潜力和才华吧，你会成为别人的榜样。”

244.“你真是个细心和耐心的孩子，每次都能认真练习新技能，直到熟练掌握。这样的你，未来一定会更加出色。”

当孩子处理事情更合理时，可以这样称赞和鼓励他 / 她：

245.“你现在处理事情真是越来越有条理了，继续保持这份逻辑性吧，你以后能掌控更多复杂的事务。”

246.“你能够这么合理地安排时间和任务，真是让人十分欣慰。继续提升你的时间管理能力吧，你会更加高效。”

247.“你对待事情的态度真是让人十分欣赏，每次都能冷静分析并解决问题。加强历练，你会成为更成熟的人。”

248.“你真是个善于规划和执行的孩子，每次都能按照计划完成任务并取得好成绩。继续发挥你的优势，你会更加成功。”

249.“你现在处理事情真是越来越成熟稳重了，简直是个小大人。继续保持这份成熟和稳重，你会成为更多人的榜样。”

250.“你处理事情细心又周到。继续保持，你会赢得更多人的喜爱和尊重。”

251.“你能这么理性地看待问题并解决问题，真是让人十分惊喜。期待你继续保持这份理性和智慧，让更多难题迎刃而解。”

252.“你是个有责任感的人，每次都能认真完成任务并承担后果。继续发挥你的担当，别人也会更信赖你。”

当孩子勇于尝试新事物时，可以这样赞扬和激励他 / 她：

253. “你勇敢尝试新事物，每次都能带来新的惊喜和成长。继续保持这份勇气和好奇心吧。”

254. “看到你能够这么勇敢地尝试新事物，妈妈为你骄傲。继续挑战自我，你会成为更勇敢和自信的人。”

255. “你对待新事物的热情和好奇心让你成长了很多，继续保持下去，你会发现更多有趣的事！”

256. “你对新事物的探索和尝试总是充满创意，继续发挥你的想象力，你会成为更有创造力的人。”

257. “你对待新事物的态度总是积极乐观的。保持这份乐观，你会在面对困难时更加坚强和勇敢。”

258. “你是个善于从失败中汲取教训的孩子，每次尝试新事物后都能认真总结。保持这个好习惯，它会一直让你精进。”

259. “你真是个有勇气和决心的孩子，每次都能坚定地尝试新事物，坚持下去就会实现你的目标。”

戒骄戒躁，掌握夸奖分寸

情景展现

斌斌在数学竞赛中获得了一等奖，妈妈逢人就夸赞斌斌聪明，爸爸看到这种情况后，决定劝妈妈调整夸奖方式。

问题分析：夸奖不掌握分寸会让孩子心浮气躁

夸奖孩子，本是家长表达爱意和鼓励的一种方式，但若不掌握分寸，尤其是过度夸奖，往往会适得其反，容易让孩子产生自我膨胀的心态，认为自己无所不能，从而忽视了自身的不足和需要努力的方向。这种心态还会导致孩子在学习和生活中缺乏耐心和专注，遇到困难时容易放弃，甚至产生逃避心理。此外，过度夸奖还会让孩子过分依赖外界的认可，一旦得不到期望的夸奖或遇到挫折，便容易陷入沮丧的情绪中，难以自拔。

教育思路：掌握夸奖分寸，培养稳重心态

家长在夸奖孩子时，难以把握分寸，一方面是因为家长对孩子抱有极高的期望，希望通过夸奖激励孩子取得更好的成绩，却不料过度的夸奖可能让孩子产生不切实际的自我认知。另一方面，家长对孩子的爱和关注往往使其容易陷入主观臆断，难以客观评价孩子的表现，导致夸奖失度。此外，部分家长缺乏科学的教育方法和理念，不知道如何在夸奖与批评之间找到平衡点，因而难以掌握夸奖的分寸。下面从三个方面阐述了家长该如何掌握好夸奖孩子的分寸，避免让孩子陷入自我膨胀的陷阱。

· 鼓励孩子自我反思

如果家长过于关注孩子的外在成就，但是孩子不会自我反思，那他们可能无法全面认识自己的优点和不足，也就难以形成正确的自我认知。可见，过度夸奖可能让孩子产生依赖心理，过于看重他人的评价，而忽视了内在的努力和成长。所以，家长需要引导孩子学会思考自己的优点和不足，以及如何改进存在的不足。通过自我反思，孩子能够更全面地了解自己的能力和潜力，避免因为过度夸奖而产生浮躁心态。

· 培养平常心

孩子的平常心需要家长在日常生活中潜移默化的培养。在平时的生活中，部分家长可能过于急躁，期望孩子迅速取得显著成果，忽视了对平常心的培养。家长可以通过讲故事、树立榜样等方式，向孩子传递“胜败乃兵家常事”的理念。让孩子明白，成功和失败都是生活的常态。只要竭尽全力去做了，就可以把结果看淡。通过培养平常心，帮助孩子更好地面对未来的挑战和机遇。

· 平衡夸奖与批评

平衡夸奖与批评是家长在教育孩子的过程中需要掌握的重要技巧。过于偏向夸奖，可能导致孩子产生自我膨胀的心态，无法正确面对自己的不足。过于严厉，批评多于夸奖，也可能导致孩子自信心受挫，产生逃避心理，甚至性格变得怯懦。所以，家长需要在夸奖与批评之间找到平衡点，既肯定孩子的优点，也指出其不足，帮助孩子建立正确的自我认知和价值观。

夸孩子金句实例

当孩子学习进步时，可以这样掌握夸奖的分寸：

260. “你的成绩提升真快，真是个努力的孩子。但记住，学无止境，保持好奇心，别被一时的成功冲昏头脑。”

261. “看到你这次考试的努力，妈妈真的很感动。记住，成绩只是检验你努力的一个方式，真正的成长在于不断求知。”

262.“你的进步真大，但别忘了，保持耐心，稳扎稳打，才会走得更远。”

263.“你这次的表现真的很棒，每一次的成功都是新的起点，别因为一次好成绩就骄傲自满。”

264.“你的学习热情真令人钦佩，但也要记得，学习是一场马拉松，需要保持持久的动力和韧性。”

265.“看到你如此专注于学习，爸爸真的很为你骄傲。但记住，专注和耐心是成功的关键，别被浮躁的心态影响。”

266.“你的解题思路真独特，但也要明白，每个人的思维方式都不同，不妨保持开放的心态，多听听别人的思路。”

267.“你这次取得了优异的成绩，但记住，成绩只是暂时的，真正的价值在于你学到的知识和获得的能力。”

当孩子创意展现时，可以这样掌握夸奖分寸：

268.“你的创意作品充满了惊喜，真是才华横溢。但记住，有创意也要不断钻研，才能一直创新不断。”

269.“每次看到你的创意，都让我眼前一亮。但别忘了，创意的价值在于它能激发更多的思考，继续探索下去哦。”

270.“你的创意真是独一无二，让人赞叹不已。但也要明白，创意需要勇气去尝试和实践，继续加油。”

271.“你的创意作品充满了情感，真的很打动人心。情感的真实表达才是创意的灵魂，请不要丢失你的真诚呀。”

272.“你的创意真是妙不可言，仿佛有魔力一般。要一直保持热爱，继续创造奇迹。”

273.“你的创意总是那么新颖独特，真是个富有想象力的小天才。但想象力需要知识的滋养，要不间断地学习。”

274.“你的创意作品充满了细节和巧思，真的很棒。保持细心和耐心，你会做得更好。”

275.“你的创意总是那么充满活力和激情，真的很感染人。要保持住这份活力，才能做得更出色。”

当孩子团队合作时，可以这样掌握夸奖分寸：

276.“你在团队中总是那么积极主动，真是个值得信赖的伙伴。保持真诚才能继续赢得信任。”

277.“你的领导能力真的很强，带领大家一起进步。你的包容和耐心，会让你成为更好的领导者。”

278.“你沟通能力真的很棒，总能化解矛盾，促进团队合作。做好倾听和理解的工作，你会更加出色。”

279.“你在团队中的责任感真的很强，总是尽心尽力完成任务。相信通过锻炼，你会更加成熟。”

280.“你在团队中的表现真的很突出，真是个有潜力的人。不断挖掘自己的能力，你会更加闪耀。”

当孩子克服困难时，可以这样掌握夸奖分寸：

281.“你面对困难时的勇气和决心真让我感动，你如果做到坚韧不拔，就会站得更高。”

282.“你遇到再大的挑战也勇往直前，从不放弃，真是个了不起的孩子。坚持，你会达到目标。”

283.“你面对挫折时总能从中找到事情积极的一面，这种乐观态度真的很值得学习。保持乐观心态，能一直传递正能量。”

284.“你面对挑战时总能坚持到底，这样的专注和毅力真的很让人佩服。继续专注你的目标，你会做得更好。”

285.“面对困境时你的灵活应变能力真出色，保持学习和思考，你会更加机智。”

当孩子日常养成好习惯时，可以这样掌握夸奖分寸：

286.“你最近养成了早睡早起的好习惯，真是个自律的孩子。保持规律作息，你会更加健康。”

287.“看到你每天都能坚持阅读，太难得了，认真阅读能培养独立思考的能力和想象力，坚持下去吧。”

288.“你最近开始主动整理房间和书包，做得很有条理，保持这种好习惯，你的生活会更加有序。”

289.“你每天都能按时完成作业，越来越出色了，坚持下去，老师和家长都会看到你的巨大进步。”

290.“每天都能坚持锻炼身体的毅力值得赞扬，保持这种毅力，你会成为更加强大的人。”

第二章

夸生活习惯，提高孩子的自理能力

不做家务？——夸孩子主动承担的责任感

情景展现

闹闹不喜欢做家务，也不会做家务。爸爸通过耐心的鼓励教会了闹闹如何做家务，也让他明白了家是大家的，每个家庭成员都要爱护它。

问题分析：孩子不爱做家务的危害

做家务是培养孩子责任感和独立性的重要途径。如果孩子不愿意做家务且长期不参与家务活动，会习惯于依赖他人，缺乏对自我行为负责的意识。同时，做家务是一项需要计划、组织和执行的综合性活动，不爱做家务的孩子在这些方面的发展可能会滞后，影响对个人生活合理规划的能力。

教育思路：亲子共同参与，带领孩子一起做家务

孩子不愿意做家务，往往是因为缺乏承担家庭责任的意识，习惯于依赖父母，或者是孩子可能对家务不熟悉，做不好家务。家长在孩子尝试时未能及时给予指导和鼓励，导致孩子失去信心和兴趣。想让孩子从被动做家务转变为主动承担家庭责任，家长应以身作则，主动引导孩子学习家务技能，并在孩子完成任务时及时给予肯定和奖励。通过这些方式，帮助孩子理解作为家庭成员的责任，逐步培养他们的独立能力和责任感。

· 全员参与家务，培养责任意识

家长是孩子最重要的榜样。如果每一位家庭成员都能主动承担家务并表现出积极的态度，孩子会更容易模仿和学习。家长可以和孩子一起召开家庭会议，讨论家务的分配方式，制定家务分工表，明确每个人的责任，让孩子感受到家务是全家的事，不是某一个人的任务。

在这个过程中，要让孩子拥有选择权。可以让孩子先选择自己感兴趣的家务（如整理玩具、浇花等），增强他们的兴趣和参与感。同时，家长要通过及时的语言鼓励和实际的行动让孩子明白，作为家庭成员，每个人都有责任为家庭的整洁和幸福贡献力量。

·做家务是技能，要讲解要学习

孩子不愿意做家务，可能是因为他们无从下手，或者在做得不够好时受到过家长的批评，从而产生了抵触情绪。实际上，做家务是一项需要学习和练习的技能，家长不妨多一些耐心，将孩子能承担的家务任务分解成简单的步骤，逐步教给孩子。例如，教孩子洗碗时，可以先教如何冲洗，再教如何使用洗洁精，最后教如何擦干。

家长可以一步一步耐心示范，并通过言语鼓励孩子尝试。当孩子愿意动手时，家长可以在旁边给予指导，帮助他们掌握技巧。即使孩子做得不够理想，也不要急于批评，可以用鼓励的语气说："你已经做得很棒了，下次一定会更好。"通过这样的方式，孩子不仅能学会家务技能，还能在尝试中获得成就感，逐渐养成主动承担家务的习惯。

·建立做家务的奖励反馈机制

当孩子完成家务时，家长应及时给予表扬和肯定。正向反馈会让孩子感受到自己的努力被认可，以后也会更主动地做家务。

此外，可以和孩子一起制定一个家务奖励计划。例如，完成一周的家务任务后可以获得一颗小星星，积累到一定数量后可以兑换小礼物或实现一个小愿望。需注意，奖励反馈不能全部是物质性的，也可以是精神上的，比如一次家庭户外活动、一次特别的亲子时间等。关键是让孩子感受到做家务带来的成就感和快乐，而不是单纯为了获得物质回报。

夸孩子金句实例

当孩子学会了如何做家务时，可以这样表扬他 / 她：

291.“你现在学会扫地啦，动作有模有样，真厉害！以后家里的地面卫生就靠你多帮忙啦。”

292.“才教了你一次洗碗，你就学会了，学得又快又好，爸爸真为你的学习能力骄傲。”

293.“太棒啦，你已经掌握了叠衣服的技巧，叠得整整齐齐，以后自己的衣服都能自己收拾得妥妥当当啦。”

294.“才尝试了几次，你就学会整理书架了，每本书都摆放得整整齐齐，而且类别分明，知识的小天地被你管理得超棒！”

295.“你学会擦桌子啦，而且擦得好干净，家具因为你变得更亮堂，真了不起！”

296.“真没想到你这么快就学会淘米做饭，这可是生活的大本领，以后肯定饿不着自己啦。”

297.“学会拖地的你太棒了，把地面拖得一尘不染，继续保持这股学习的劲头吧。”

298.“孩子，你学会整理衣柜了，衣服分类摆放得很合理，以后找衣服都更方便啦。”

299.“第一次教你收拾碗筷，你就记住了，家里的小家务能手诞生啦。”

300.“哇，你已经学会整理书桌啦，以后学习环境都能靠自己保持整洁，真为你开心。”

当孩子开始主动做家务时，可以这样称赞他 / 她：

301. “今天你主动帮忙扫地，妈妈心里暖乎乎的，你真是妈妈贴心的宝贝。”

302. “主动洗碗啦，你真的越来越懂事，知道帮家里分担家务，太让我惊喜了。”

303. “你不用妈妈提醒，就能主动收拾自己的房间，真的长大了，好棒！”

304. “你最近主动擦桌子，对家里的事越来越上心，继续保持这份主动，咱们家会更温馨。”

305. “你主动帮忙晾衣服，真勤快，有你在，家务都轻松不少啦。”

306. “倒垃圾虽然是小事，但对家庭整洁很重要，你能主动承担这个任务，太赞了！”

307. “今天你主动帮忙洗菜，为做饭出了一份力，你真是家里的得力小助手。”

308. “你主动收拾客厅，把沙发整理干净，让家里变得更舒适，真厉害！”

309. “主动帮忙浇花，照顾这些小生命，你真的很有爱心，家里的花也会更漂亮。”

310. “你主动打扫卫生间，不怕脏不怕累，真的是个勤劳的好孩子，值得表扬。”

当孩子能够独立完成家务时，可以这样鼓励他/她：

311. “这次扫地、拖地你一个人就完成得这么出色，独立做家务的你太了不起了。”

312. “自己把碗洗得干干净净，还把厨房台面也收拾好了，独立能力满分，太优秀啦！”

313. “独立整理书架，还把书籍分类摆放，你做事的条理性和独立性都让爸爸佩服。”

314. “一个人完成了洗衣服、晾衣服，你真的长大了，以后生活自理肯定没问题。”

315. “独立擦家具，把家里擦得闪闪发亮，你真的是家里的小顶梁柱。”

316. “自己把房间整理得井井有条，连衣柜都收拾得这么好，独立生活能力真强。”

317. “从淘米到煮饭，全程独立完成，你学会了一项超实用的生活技能，太牛啦！”

318. “独立打扫卫生间，还知道消毒，你做事的细致和独立真的让我眼前一亮。”

319. “自己把客厅收拾得干干净净，主动承担起这份家务，你真的很有担当。”

320. “独立完成了收拾杂物间的大工程，把杂物分类整理得井井有条，你太有耐心和能力了。”

喜欢熬夜？——夸孩子规律的作息

情景展现

图图小小年纪就喜欢熬夜，每天睡觉的时间越来越晚，睡眠不足影响到了他的学习和生活。妈妈决定帮助图图改掉坏习惯，养成早睡早起的良好作息。

问题分析：熬夜晚睡影响状态

如今不少孩子都有熬夜的习惯，这一行为隐藏着诸多危害。从身体发育来看，生长激素在夜间睡眠时分泌旺盛，孩子长期熬夜会干扰激素分泌，阻碍骨骼生长，影响身高发育，还会使身体免疫力下降，增加患病风险。在学习方面，熬夜会导致孩子第二天精神萎靡，注意力难以集中，课堂上昏昏欲睡，学习效率大幅降低，进而影响学习成绩。此外，长期熬夜还会打乱生物钟，引发失眠等问题，损害心理健康，让孩子变得焦虑、烦躁。

教育思路：引导孩子早睡早起，养成健康的作息习惯

为了孩子的健康成长，我们一定要重视孩子熬夜的问题，引导他们养成良好的作息习惯。不但不能熬夜，还要养成早睡早起、定点睡眠的健康作息。

· 制定规律作息表，养成良好睡眠习惯

想要帮孩子告别熬夜，拥有良好睡眠和健康习惯，制定规律的作息时间表是关键。每天要给孩子设定固定的睡觉和起床时间，即便到了周末也别轻易打破，长期坚持下来，孩子的生物钟就能稳定下来，每天到点就产生睡意，自然就不会熬夜了。要是孩子已经习惯晚睡，一下子调整过来很可能会有抵触情绪，不妨试试每天提前 10—15 分钟睡觉，这样循序渐进，孩子更容易接受，慢慢就能调整到理想的作息时间。

· 营造睡眠环境，减少情绪波动

孩子喜欢熬夜，可能是因为睡前过于兴奋，缺少入睡的氛围。在孩

子睡前，尽量避免让他们接触手机、平板或电视等电子设备，这些设备发出的蓝光会抑制褪黑素分泌，阻碍入睡。同时，确保孩子的卧室安静、光线柔和，为孩子打造一个舒适的睡眠空间。另外，还可以用温柔鼓励的话语陪孩子睡前阅读、聊天，帮助孩子从兴奋状态逐渐平静下来，而不是用激烈的言语进行批评教育，强迫其快速入睡。

· 合理安排活动，培养时间管理能力。

家长可以帮助孩子合理规划作业和娱乐时间，避免因拖延导致熬夜赶作业。可以通过话语引导孩子制定每日学习计划，明确作业完成的时间节点，并预留适当的娱乐和放松时间，做到劳逸结合。同时，教孩子学会设定优先级，区分任务的轻重缓急，优先完成重要且紧急的任务，比如当天的作业，再处理其他事务，避免因时间管理不当而影响睡眠。

夸孩子金句实例

当孩子能够按时睡觉时，可以这样夸：

321. "你昨天按时睡觉啦，看你越来越懂得照顾自己的身体了，爸爸妈妈为你骄傲。"

322. "哇，今天这么准时就上床睡觉，你对时间的掌控能力越来越强了，继续保持哦。"

323. "我的小宝贝能按时睡觉，这可是迈向健康生活的一大步，你做得太出色了。"

324. "按时睡觉是个超棒的习惯，你已经成功养成，继续加油，未来可期。”

325.“你按时睡觉的做法要坚持下去哦，明天又是活力满满的一天。”

326.“太棒啦！你做到按时睡觉，这不仅对身体好，还能让你学习更专注，我们为你的自律点赞。”

327.“你今天按时睡觉，给爸爸妈妈带来了大大的惊喜，你真是个自律又懂事的好孩子。”

328.“真厉害，能按时睡觉可不是容易的事，你做到了，继续保持，你会越来越优秀。”

329.“今天你按时睡觉，这是对自己负责的体现，继续加油，你会收获更多。”

当孩子不再沉迷手机、游戏而是早睡早起时，可以这样说：

330.“哇，你主动放下手机，早早睡觉，懂得合理安排时间啦。”

331.“你不再沉迷游戏和电视剧，而是选择早睡早起，这种自律精神太值得表扬了。”

332.“你能抵制诱惑，按时睡觉，真的让我很欣慰，你是个有自制力的好孩子。”

333.“你不再被手机和电视剧吸引，而是早早睡觉，爸爸妈妈为你的改变感到骄傲。”

334.“太了不起了，主动远离娱乐，早睡早起，你真的在不断进步，继续加油。”

335. “你今天的表现太棒了，拒绝沉迷手机，选择健康生活，你是个自律小达人。”

336. “哇，你能主动早睡早起，我相信你以后做任何事都能这么自律。”

337. “你不再沉迷娱乐，而是养成早睡早起的好习惯，这种改变会让你受益一生。”

当孩子自觉早睡早起，养成了良好作息时，要这样鼓励：

338. “你养成了早睡早起的好习惯，未来的你一定会更加出色。”

339. “哇，你已经自觉早睡早起，这说明你已经逐渐掌握了健康生活的秘诀，继续加油。”

340. “你现在的作息习惯会让你在生活和学习中都充满活力，继续保持。”

341. “太棒了！你自觉早睡早起，养成良好作息，你就是我们家的小榜样。”

342. “你养成了这么好的作息习惯，这是非常宝贵的财富，你一定会越来越成功。”

343. “太了不起了，你能自觉早睡早起，养成良好作息，你就是时间的主人。”

344. “哇，你养成的作息习惯会让你在成长路上一帆风顺，继续加油，你是最棒的。”

345. “你能自觉养成良好作息，你的自律和努力一定会让你实现梦想。”

346.“太棒了，你现在的作息习惯证明了你是个有规划、有能力的孩子，继续努力。”

347.“孩子，你养成的良好作息习惯会成为你人生路上的重要助力，加油，未来属于你。”

348.“你已经自觉早睡早起，养成良好作息，你真的是个非常出色的孩子，继续保持。”

349.“你的作息习惯让你闪闪发光，继续坚持，你会成为更优秀的自己。”

总是挑食？——鼓励孩子多尝试

情景展现

小可平时挑食严重，只爱吃零食不爱吃饭。导致他体力不好，没办法和同学们一起踢球玩耍。妈妈决定帮助他改掉爱挑食的习惯。

问题分析：挑食的危害

挑食是孩子成长过程中的常见现象，长期挑食会导致孩子无法均衡摄取营养，某些关键营养素的缺乏可能会影响身体发育。此外，营养不均衡容易引发身体不适，进而导致孩子情绪烦躁、注意力涣散，对孩子的情绪和注意力产生负面影响，干扰学习和日常生活。因此，家长需要重视孩子的挑食问题。通过科学引导，不断让孩子尝试各类食物，帮助孩子逐步接受多样化的食物，培养健康的饮食习惯。只有这样，才能为孩子打下坚实的身体基础，助力他们全面、健康地成长。

教育思路：多品尝多探索，培养孩子对食物的兴趣

孩子喜欢挑食，可能与多方面的因素有关，家长不应该使用强迫式的教育方式，逼迫孩子接受某样食材或某种口味。而是要通过鼓励的方式，带领孩子多品尝美食、探索食材，增加菜品的花样性，培养他们对各种食物的兴趣，从而逐渐改掉爱挑食的坏习惯。

· 共同参与食物制作，引起品尝兴趣

兴趣是孩子最好的老师，家长不妨邀请孩子一起参与简单的烹饪过程，像是让孩子帮忙洗菜，感受水流冲洗蔬菜的清爽；或者让他们参与搅拌食材，体验食材在搅拌下逐渐融合的奇妙；又或者让孩子进行摆盘，发挥他们的创意。通过亲手制作食物，孩子不仅能体验到烹饪的乐趣，也更容易对食物产生兴趣，更愿意品尝自己参与制作的菜肴。

· 营造轻松愉快的用餐氛围

用餐时，千万不要强迫孩子吃他们不喜欢的食物，这种方式极易引发

孩子的抵触情绪，避免说出“不吃就饿着”“今天只能吃青菜”这样极端的话语，而是要采用轻松的引导方式，如说“我们先尝一小口，看看它是什么味道”，让孩子在无压力的状态下尝试新食物。家长在餐桌上应以身作则，积极尝试各种食物，并且充分表现出对食物的喜爱，可以适时对食材、口味等进行夸赞，在家庭共餐的温馨氛围里，孩子更容易受到感染，进而愿意模仿大人的行为。

·丰富菜品种类，共同探索美好味道

有时候孩子挑食不爱吃饭，也许是菜品口味出了问题。家长可以多倾听孩子的意见，了解菜品口味是否过咸、过油、过辣，同一种食材是否经常烹饪，这些问题都可能是造成孩子挑食的原因。家长可以定期带孩子去不同类型的餐厅，尝试各类特色美食，比如意大利面、寿司、印度咖喱等，拓宽孩子的饮食边界。也可以和孩子一起去菜市场，让他们自己挑选感兴趣的食材并选择烹饪方式，丰富餐品的种类和口味。

夸孩子金句实例

当孩子不愿吃饭时，要这样引导：

350. “你愿意尝一小口吗？就一小口，看看它是什么味道的。”

351. “每种食物都有它独特的味道，就像探险一样，每次尝试都可能有新发现哦。”

352. “我知道这个菜你可能不太熟悉，但我们可以一起试试

看，说不定你会喜欢呢。”

353.“今天的菜里有一种特别的营养，能让你的身体更强壮，要不要试试看？”

354.“妈妈小时候也不喜欢吃这个，但后来发现它其实很好吃，你要不要也试试？”

355.“如果你尝一口，我们就可以一起讨论它的味道，看看它像什么。”

356.“今天的菜里有一种能让你的眼睛更亮的营养，要不要试试看？”

357.“我们可以把它和你喜欢的食物搭配在一起吃，这样可能会更有趣哦。”

358.“你愿意当一次‘食物小侦探’吗？看看这道菜里藏着什么神秘味道。”

当孩子愿意尝试菜品时，要这样鼓励：

359.“哇，你愿意品尝新食物，真是太棒了！妈妈为你感到骄傲。”

360.“你刚刚尝了一口，真勇敢！这就是探索新味道的第一步。”

361.“你知道吗？每次品尝新食物，你的味蕾都会变得更敏锐。”

362.“你刚刚尝了一口，感觉怎么样？不管喜不喜欢，你都很棒。”

363.“你愿意品尝新食物，说明你是个懂得挑战自己的小朋友。”

364.“你刚刚的尝试让我很惊喜，原来你这么勇敢！”

365.“你知道吗？很多小朋友都不敢尝试新食物，但你做到了，真厉害！”

366.“你愿意尝试这个，说明你是个愿意接受新事物的小朋友。”

367.“你刚刚的尝试让我觉得你是个很有好奇心的小探险家。”

368.“你愿意试试这个，说明你是个懂得照顾自己身体的小朋友。”

当孩子认真吃饭，不再挑食，要这样夸奖：

369.“你今天把饭菜都吃完了，真是太棒了！”

370.“你最近吃饭越来越不挑食了，妈妈觉得你长大了很多。”

371.“你今天尝试了这么多不同的食物，真是个懂得均衡饮食的小专家。”

372.“你吃饭的样子真让人放心，看来你已经懂得照顾自己的身体了。”

373.“你今天把蔬菜和肉都吃完了，说明你是个懂得营养搭配的小能手。”

374.“你今天吃得这么认真，身体一定会越来越强壮。”

375.“你吃饭的样子真棒，看来你已经懂得享受每一口食物的味道了。”

376.“你今天把所有的菜都尝了一遍，真是个懂得尝试的小美食家。”

377.“你最近饮食越来越均衡了，妈妈觉得你特别懂得照顾自己。”

378.“你今天吃饭的样子让我觉得你是个懂得健康生活的小小榜样。”

379.“你的身体一定会感谢你的，你最近吃饭越来越认真了，爸爸看到你真的在努力，特别开心。”

房间脏乱差？——夸孩子整理房间的自律

情景展现

嘟嘟总是喜欢把自己的东西乱放，需要的时候就追着妈妈问：“我的东西到哪里去了？”妈妈决定不再替嘟嘟整理，让嘟嘟养成自觉自主的习惯。

问题分析：不爱整理房间给生活带来不便

孩子不爱整理房间，脏乱的环境会影响居住舒适度，还可能成为滋生细菌、病毒的温床，对孩子的身体健康构成威胁。不仅如此，这种不良习惯还会对个人习惯和心理健康等产生负面影响。房间不整洁可能导致孩子注意力分散，难以集中精力完成学习任务，降低学习效率。长期没有整理的自觉与自律，孩子还可能形成懒散、不负责任的心态，影响孩子的社交能力发展和未来生活。

教育思路：通过夸奖让孩子养成整理房间的好习惯

孩子没有整理习惯，导致自己的房间脏乱差，一方面是因为家长对孩子溺爱，没培养好孩子的自理能力。另一方面，则是在培养孩子整理房间的过程中，没用好夸奖的力量。以下几个不同的夸奖方式，可以让你从不同的角度对孩子整理房间的习惯养成、自律品质的塑造进行正向引导。

· 以夸奖开启积极态度

当孩子偶尔有整理房间的意向，或只是简单地收拾了一下某个小角落时，家长要敏锐地捕捉到这个瞬间并给予夸奖。比如：“你今天把书桌整理了一下，虽然只是一小部分，但这是一个很棒的开始，你已经比很多小朋友都厉害了。”通过这样的夸奖，让孩子感受到自己的努力被认可，进而激发他们进一步整理的兴趣。

随着孩子整理的范围逐渐扩大，或者整理的效果越来越好，夸奖也要更加具体和有针对性。例如：“你这次不仅把衣服叠好了，还把它们分类放进了衣柜，这种分类整理的能力简直太棒了，你真像个整理大师。”这种夸奖能让孩子明确自己的优点，激励他们朝着更好的方向努力。

· 理解孩子的感受，肯定孩子的努力

当孩子抱怨整理房间太累或者太麻烦时，家长不要一味地强调必须整理，而是要理解他们的感受。可以说："整理房间确实不容易，这么多东西要收拾，你能坚持做一部分已经很棒了。"让孩子知道父母理解他们的辛苦，这样他们会更愿意接受父母的引导。

即使孩子整理后的房间没有达到非常完美的状态，家长也要认可他们的付出。比如："你看，你花了这么多时间整理房间，现在它看起来整洁多了，你的努力让我们的家变得更舒适了，谢谢你。"这会让孩子明白自己的努力是有价值的，增强他们的自信心和责任感。

· 重点肯定习惯养成的过程

当孩子开始有规律地整理房间，比如每周固定时间进行整理时，家长要给予肯定。"你现在每周都能主动整理房间，这自律的习惯可不是每个孩子都有的，你真的越来越优秀了。"这样的肯定有助于强化孩子的习惯养成。

对于能够长期坚持整理房间的孩子，要给予更高层次的肯定。"你已经坚持整理房间好几个月了，这种持之以恒的精神太值得称赞了。我相信你在以后的学习和生活中，不管遇到什么困难，都能像整理房间一样坚持到底，你就是我们家的骄傲。"通过这种肯定，让孩子将整理房间的习惯内化为自身优秀品质的一部分，并且迁移到其他方面的成长中。

夸孩子金句实例

当孩子主动开始整理房间，可以这样夸奖他/她：

380.“孩子看到你主动整理房间，妈妈心里暖洋洋的，你真是个贴心的小帮手。”

381.“哇，你已经开始动手整理房间了，真是勤劳的好孩子，爸爸为你点赞。”

382.“整理房间是个小挑战，但你做得很好，妈妈很欣慰。”

383.“你开始懂得把玩具放回原处，房间看起来整洁多了，真棒。”

384.“看到你主动整理书架，真是个爱书的好孩子，妈妈很高兴。”

385.“你整理房间的样子好认真，真是个细心的孩子。”

386.“你的房间现在像个小宫殿，都是你亲手整理的，真厉害！”

387.“你已经开始学会分类整理了，你的条理性会让你受益终身。”

388.“学会整理房间也是一种成长，你做得很好，妈妈为你骄傲。”

389.“看到你这么努力地整理房间，一点也不怕累的样子，爸爸觉得你成了大孩子。”

当孩子不乱丢东西，保持房间整洁，可以这样表扬他 / 她：

390.“你的房间总是这么整洁，并且能保持一周都不脏、不乱，妈妈都很佩服你呢。”

391.“每次用完东西你都能放回原处，这是非常好的生活习惯。”

392.“你的房间像个小花园，整洁又美丽，已经是一个会享受生活的小朋友啦。”

393.“看到你不乱丢东西，房间总是整洁有序，相信你能把学习也安排得井井有条。”

394.“你能保持房间整洁，已经锻炼出了非常强大的自我管理能力。”

395.“你的房间总是这么干净，希望这个好习惯能继续保持下去哦。”

396.“不乱丢东西是个好习惯，你做得很好，继续加油哦。”

397.“你的房间整洁有序，你真是个自律好孩子。”

398.“看到你这么珍惜属于自己的空间，懂得了整理房间的不易，相信你以后对别人的劳动成果也会珍惜。”

399.“你的房间总是这么整洁，是弟弟 / 妹妹学习的榜样。”

当孩子持续保持房间整洁，形成良好习惯后可以这样鼓励他 / 她：

400.“你已经连续好多天让房间保持整洁啦，这种持之以恒的精神，就像马拉松选手坚持跑完全程，太厉害啦！”

401.“你坚持整理房间，这个好习惯会伴随你一生，让你在任何事情上都能做得出色，妈妈对你充满信心。”

402.“你的房间总是这么干净，说明你懂得尊重自己和别人的劳动成果。”

403.“你整理房间的习惯很好，这也是一个了不起的优点哦。”

404.“你已经学会了保持房间整洁的诀窍，你的学习能力和坚持精神都值得被称赞。”

当孩子帮助他人整理房间或公共空间，可以这样夸奖他／她：

405.“你愿意帮助弟弟／妹妹整理房间，说明你是个有爱心的哥哥／姐姐，弟弟／妹妹一定会钦佩你哦。”

406.“看到你主动帮助爸爸整理客厅，分担家务，爸爸觉得你长大后也会有担当。”

407.“你帮着整理家里的角落，这个举动虽然小，但是蕴含着对我们家的爱。”

408.“感谢宝贝帮忙整理阳台，这积极的态度就像小太阳在发光，照亮了我们家里的每个角落。”

409.“看到你这么乐于助人，真是个善良的孩子，妈妈为你感到骄傲。”

410.“看到你主动帮助家人整理房间，你是个肯付出的孩子，这种品格值得表扬。”

411.“你帮助他人整理房间的样子好认真，你的责任感让人想为你竖起大拇指。”

不讲卫生？——夸孩子保持整洁的行动

情景展现

阳阳总是不注重个人卫生，小手脏兮兮的就往衣服上擦，衣服也总是邋里邋遢。妈妈决定帮助阳阳养成讲卫生的好习惯。

问题分析：不讲卫生对健康造成危害

孩子不讲卫生，会给其身心健康带来多方面的不良影响。首先不讲卫生容易导致细菌、病毒等病原体滋生，增加感染疾病的风险，如感冒、腹泻等。其次，长期不洗手、不清洁身体，还会使皮肤、口腔等部位积累污垢，引发皮肤炎症、龋齿等问题。此外，不讲卫生的习惯还会影响孩子的社交，可能遭到其他孩子排斥。更重要的是，习惯一旦养成，便难以纠正，将伴随孩子成长，影响他未来的生活习惯和健康状况。因此，作为家长应从小培养孩子的卫生习惯，确保他们健康成长。

教育思路：培养孩子的卫生意识，帮助孩子获得足够认可

孩子不讲卫生、不能保持整洁，看似简单的行为背后实则受到多种因素的影响。究其根本，孩子不讲卫生主要是因为对卫生常识及卫生习惯的重要性缺乏认知，而且在日常生活中，未能在讲卫生这件事上获得足够的正向反馈和成就感。当孩子体会到讲卫生的种种好处，并从中实现自我成长起来之后，就更容易坚持并使之成为自身的重要素养之一。

· 培养卫生常识和卫生意识

孩子出生之后，就像一张白纸一样，没有对和错、清洁和脏乱的概念，对于一些卫生常识，需要家长作为孩子的卫生教育导师，通过生动有趣的方式，如故事讲述、角色扮演或观看相关绘本和动画片等向孩子传授。家长还可以利用生活中的实例，比如解释为什么生病时要戴口罩、为什么要垃圾分类等，让孩子在实践中学习并加深理解。通过这样的教育方式，孩子不仅能够掌握卫生知识，还能逐渐意识到良好卫生习惯对自身健康及环境整洁的重要性。

· 对孩子提出明确的卫生要求

家长只是向孩子传授卫生知识是不够的，还需要设立明确的行为规范，并引导孩子坚持执行。可以规定每天洗漱、换衣的时间，或者明确告知孩子完成清洁小任务的标准，如整理自己玩具、摆放餐具等。家长需要注意的是，这些要求应当是合理且可实现的，避免过高期望给孩子带来压力。

· 孩子讲卫生时及时激励

孩子在成长过程中，非常渴望得到他人的认可。如果他们在保持整洁方面的努力没有得到足够的肯定，很可能会感到沮丧，进而失去长期保持卫生习惯的动力。因此，家长需要细心观察孩子的进步，哪怕是很小的改变，也要及时给予正面的反馈和鼓励。家长可以记录孩子一周或一个月内的卫生表现，并在周末或月末进行总评，根据表现给予相应的奖励。此外，鼓励孩子参与家庭清洁日活动，让他们在完成家务的同时，体验到为家庭作贡献的喜悦和成就感。

夸孩子金句实例

孩子开始主动洗手时，这样表扬他 / 她：

412. “宝贝，你主动来洗手啦，这是非常好的习惯哦。”

413. “宝贝，你把每个手指都洗得那么仔细，真棒！”

414. “你不用妈妈提醒就去洗手了，真是个讲卫生的好孩子。”

415.“你能主动洗手，比以前进步太多了，继续保持哦。”

416.“你洗手的动作越来越熟练了，太不可思议了。”

417.“你这次洗手洗得特别干净，连指甲缝都注意到了，真细心呀。”

418.“你能主动在吃饭前去洗手，都不用爸爸提醒你了，太好了。”

419.“小手洗得这么白，你真是个爱干净的孩子。”

420.“你去完厕所知道主动洗手，是个讲卫生、爱干净的好宝宝。”

孩子衣着整洁时候，这样夸奖他 / 她：

421.“宝贝，你今天穿得真整洁，看起来特别精神，真不错。”

422.“你的衣服总是那么干净整齐，你真是个讲卫生的好孩子。”

423.“看你这整洁的穿着，就知道你是个注重细节的小朋友。”

424.“宝贝，你衣服穿得整整齐齐的，看起来很精神。”

425.“每次看到你的衣服又干净又整齐，就知道你特别乖巧懂事。”

426.“你的衣服整洁没褶皱，说明对待生活的态度很认真。”

427.“看到你自己都能把衣服穿戴得这样整齐，妈妈很欣慰。”

孩子将文具盒和书包放得整整齐齐，这样肯定他 / 她：

428.“宝贝，你把书包都整理得这么整齐，真棒啊！”

429.“瞧，你的书包总是那么干净整洁，整理小能手非你莫属啦。”

430.“看你整理书包的认真劲儿，就知道你在学习中也会非常有条理。”

431.“你的书包这么整齐，说明你爱护书本。”

432.“宝贝，你的文具盒和书包都这么整齐，学习也一定很用心。”

433.“你的整理能力越来越强了，都不用爸爸帮你收拾书包了。”

434.“孩子，你书包里的书本都收得很好，真是锻炼了自己的能力，也让妈妈省心了。”

孩子保持房间整洁时，这样肯定他 / 她：

435.“你把房间打扫得这么干净，我真欣慰啊。”

436.“你的房间一尘不染，你真是个勤劳又讲卫生的好孩子。”

437.“宝贝，你能把房间的每个角落都清理干净，太棒啦！”

438.“你的房间这么整洁，说明你是个有责任心、讲卫生的好孩子。”

439.“你打扫房间越来越熟练了，一会儿就能让房间变得干干净净。”

440.“看到你干净的房间，就知道你肯定能把生活打理得很好。”

441.“你能让房间保持整洁，说明你是个自律的孩子，真不错。”

442.“你把房间打扫得像新的一样，太厉害啦，宝贝，爱卫生的你最棒。”

沉迷游戏？——夸孩子自我约束的意识

情景展现

多多是个“小宅男”，除了上学，从不愿意出门运动，只想窝在家里打游戏。爸爸担忧多多的学习和健康，想帮助他戒掉游戏瘾。

问题分析：沉迷游戏的危害

孩子沉迷游戏会带来多方面的危害。从身体健康方面来看，长时间久坐不动、紧盯屏幕，不仅容易导致近视和脊柱侧弯，还可能因作息不健康和饮食不规律而降低免疫力，增加患病风险。在心理层面，虚拟世界与现实生活的混淆，可能让孩子难以树立正确的价值观，甚至诱发焦虑、抑郁等负面情绪，导致注意力涣散、情绪不稳定。在社交方面，过度沉迷游戏会减少孩子与现实世界的互动，使他们的社交能力逐渐退化，甚至可能产生社交恐惧，影响人际关系的建立。在学习上，大量时间被游戏占据，会压缩学习时间、降低学习效率，导致成绩下滑。此外，游戏的即时反馈机制容易让孩子对需要长期积累的学习失去耐心，逐渐产生厌学情绪。因此，帮助孩子合理控制游戏时间，引导他们平衡虚拟世界与现实生活，对他们的身心健康和未来发展至关重要。

教育思路：培养自控力，鼓励孩子学会自我约束

沉迷游戏是许多孩子存在的问题，但简单地采取一刀切的禁止措施往往效果不佳，甚至可能引发逆反心理。俗话说“堵不如疏”，与其用高压式教育强迫孩子只能学习、不能娱乐，不如采取更为科学的方式，引导孩子学会平衡游戏与学习。家长可以鼓励孩子劳逸结合，并制定明确规则，控制游戏与学习的时间分配，培养他们的自控力，教育孩子学会自我约束，进而主动放下游戏，认真学习。

· 制定明确规则，严格遵守规则

在制定规则前，家长需与孩子进行充分的沟通，了解孩子对游戏时间的想法，共同商讨出双方都认可的游戏时长与频率，比如平日里每天设定

1 小时的游戏时间，周末可适度延长至 2 小时。规则制定后，家长要严格执行。若孩子违反规则，第二天游戏时间则减少 30 分钟；若孩子连续一周都遵守规则，周末额外奖励娱乐时长，让孩子明白规则的严肃性和遵守规则的益处，逐步培养孩子在规则框架内自我约束的能力。

· 丰富课余生活，发展多样兴趣

家长可以通过观察孩子日常的行为表现，发现孩子的兴趣爱好与特长。如孩子对色彩敏感，可能对绘画感兴趣；喜欢唱歌，音乐或许是不错的选择；若孩子精力充沛，体育活动会更合适。确定兴趣方向后，报名兴趣班，为孩子提供系统学习的机会。当孩子的课余时间被这些活动充实，他们会发现生活中有比游戏更有趣的事，而且这些活动还能提升孩子的专注力与自控力，让孩子获得成就感与满足感。

· 耐心鼓励引导，进行有效沟通

亲子沟通也是疏解心结，避免孩子沉迷游戏的好方法。家长不时地和孩子聊聊近期生活，自然地引入游戏话题。询问孩子在游戏中最开心的瞬间，了解他们沉迷游戏的根源是享受团队协作，还是追求个人成就。当孩子倾诉时，家长不要急于打断，用点头、微笑、肯定的话语给予回应，让孩子感受到被理解。之后，再以平和的语气分享过度玩游戏导致视力下降、错过和朋友聚会的真实案例，引导孩子认识到危害，让孩子从心底愿意主动控制游戏时间，学会自我约束。

夸孩子金句实例

孩子沉迷游戏时，可以这样规劝：

443.“游戏很有趣，不过一直玩会让你的眼睛感到疼痛，咱们休息会儿好不好？”

444.“游戏里的世界虽然精彩，但现实生活中有好多有趣的事等你去发现，要不要一起出去走走？”

445.“一直玩游戏会让你错过和好友相聚的快乐时光，要不要去找朋友玩会？”

446.“宝贝，你看窗外的阳光多好，一直玩游戏就浪费这么好的天气啦，我们出去晒晒太阳。”

447.“一直盯着屏幕玩儿游戏，脖子会很酸的，咱们活动活动，放松一下。”

孩子开始减少游戏时间时，可以这样肯定：

448.“孩子，你主动关闭了游戏，这份自律太了不起啦，奖励你一个拥抱。”

449.“你现在知道主动学习了，妈妈看到了你的努力和进步。”

450.“你的游戏时间在逐渐缩短，你真的说到做到，太有诚信啦。”

451.“宝贝，你这周每天都严格遵守游戏时间，真的太让妈妈骄傲了，请继续保持。”

452.“你在控制游戏时间这件事上做得太棒了，相信你以后做任何事都能这么自律。”

453.“你能做到劳逸结合，说明你已经学会自我管理了，太厉害啦！”

454.“宝贝，你这周的游戏时间减少了，还利用这些时间做了有意义的事，真为你开心。”

455.“孩子，这种自我约束的能力会让你越来越优秀。”

456.“今天的学习时长增加了，爸妈知道你在努力变得更好，继续加油。”

457.“今天多读了两篇课文，这是一个很大的进步，我们为你鼓掌。”

458.“孩子，你把生活安排得井井有条，太赞了！”

459.“你能禁得住游戏的诱惑，真的很了不起，继续坚持。”

460.“你现在愿意把更多时间花在学习和运动上，相信你会越来越棒。”

461.“你遵守规则减少游戏时间，这种自律的品质会让你受益终身。”

当孩子戒掉游戏瘾，开始认真生活时，可以这样表扬：

462.“你成功戒掉了游戏瘾，真是我们的骄傲。”

463.“你现在认真生活的样子太酷啦，你应该为自己感到自豪。”

464.“宝贝，你现在变得更开朗、更自信了，未来可期。”

465.“你能摆脱游戏的束缚，开始认真学习、积极生活，太了不起啦。”

466.“你今天主动参加了户外活动，真的长大了。”

467.“宝贝，你靠自己的毅力戒掉了游戏瘾，这种精神会让你在未来的道路上无所畏惧。”

468.“越自律，越优秀，加油。”

469.“孩子，你拥有积极向上的生活态度，是身边小伙伴学习的榜样。”

470.“宝贝，你戒掉游戏瘾之后，整个人都充满了活力，妈妈真为你的改变感到高兴。”

缺乏安全意识？——夸孩子遵守规则的谨慎

情景展现

格格是个活泼好动的小女孩，平时很喜欢爬树、爬梯子，但是她缺少些安全意识，总在没有大人和安全保护措施的情况下独自行动。爸爸决定严肃地教育她。

问题分析：缺乏安全意识的危害

孩子缺乏安全意识，更深层次的原因是不遵守规则，没有规矩意识。缺乏安全意识，孩子容易遭受意外伤害，甚至危及生命。不遵守规则的习惯，容易让孩子养成随意、散漫的坏习惯，若不加以引导，日后难以建立责任感和自律能力，可能影响未来的人际交往和职业发展。

教育思路：多样教育，榜样引领

· 借助社交互动影响

孩子们凑在一起玩的时候，经常容易忽略安全问题，所以家长要有意识地让孩子多与安全意识强的小伙伴交往玩耍。在与同伴玩耍的过程中，孩子会受到积极影响，模仿他人的正确行为。同时，引导孩子在社交中互相提醒安全事项，如在户外玩耍时提醒小伙伴不靠近危险区域。

· 利用现代科技手段

运用教育类的 App 和在线课程、动画、互动游戏等形式，以寓教于乐的方式传授规则和安全知识。或者参加一些安全教育培训，让孩子身临其境地感受危险场景，增强他们对危险的认知和应对能力。

· 树立榜样与正面引导

家长自身要严格遵守规则，给孩子树立良好的榜样。比如过马路时一定走斑马线、不闯红灯。在日常生活中，及时表扬孩子遵守规则、有安全意识的行为。当孩子做出危险行为时，不要一味指责，而是要耐心地和孩子沟通，告诉他们为什么这种行为是危险的，引导孩子认识错误，培养正确的行为习惯。

夸孩子金句实例

当孩子学会遵守交通规则时，可以这样称赞：

471.“你知道过马路要走斑马线了，妈妈以后也能放心你自己过马路了。”

472.“宝贝，你看到红灯就停下来，做得非常对，这就是遵守规则的表现。”

473.“孩子，你能严格遵守交通规则，爸爸妈妈特别放心，你真的长大了。”

474.“你主动等绿灯亮了才过马路，这是遵守规则的好习惯，要继续保持哦。”

475.“宝贝，你学会了过马路先看车，给弟弟做了个好榜样。”

476.“因为你停下脚步等红灯，其他的小朋友也跟着你停下了，你真是大家的好榜样。”

477.“宝贝，要记得和小伙伴一起遵守交通规则哦，你们都是好孩子。”

478.“孩子，你今天提醒了朋友过马路要走斑马线，真的太有责任感了！”

479.“车来了，要注意靠边站，你做得很好，爸爸对你越来越放心了。”

480.“今天你提醒妹妹过马路要等一等，不仅保护了自己，还让家人出行更安全，真棒！”

481.“孩子，你主动遵守交通规则，还能纠正别人的错误行为，真的很了不起。”

当孩子玩耍时学会远离危险区域，可以这样肯定：

482.“宝贝，你知道远离河边、工地这些危险区域，真的太聪明啦！”

483.“今天你带着小朋友在远离河边的地方玩耍，为他们做了好榜样。”

484.“你学会了识别危险区域，这是有安全意识的表现，很不错。”

485.“宝贝，你能自觉远离危险区域，这是对自己负责，你做得非常好。”

486.“宝贝，你主动告诉小伙伴不要去危险区域玩耍，妈妈看到了很感动。”

487.“主动远离危险区域证明你已经有很强的自我保护能力了，爸爸对你更加放心了。”

488.“孩子，你真的很有判断力，知道玩耍时要远离危险的地方，我们都为你骄傲。”

489.“安全意识越强，你的生活就会越顺利，爸妈相信你能做得更好。”

490.“以后你还要学会识别更多的危险，继续加油哦。”

当孩子面对未知的危险，谨慎判断时，可以这样夸奖：

491.“面对不熟悉的情况，你能谨慎判断，做到不轻易冒险，真的太让我惊喜啦！”

492.“今天你面对突然冲出的小狗没有慌乱，而是冷静判断，这份沉稳让妈妈对你刮目相看！”

493.“你面对不确定的危险，知道向大人求助，真的很机智！”

494.“你在面对未知危险时，表现出的谨慎和理智，让爸爸妈妈特别欣慰！”

495.“孩子，你学会了谨慎判断眼前的状况，爸爸对你的安全更放心了！”

496.“你主动思考如何应对未知危险，这份谨慎很难得！”

497.“遇到危险能冷静分析、谨慎判断，你成长了！”

498.“懂得保护自己，还能提醒他人，你是个有担当的好孩子！”

499.“面对危险，你能冷静处理，并从中总结经验，真是未来可期！”

500.“你面对未知危险时的谨慎态度，会让你在生活中避开很多麻烦，真的很不错！”

501.“你遇到危险能不冲动，先谨慎判断，再思考如何行动。这是非常宝贵的能力，一定要继续发扬！”

懒惰不爱运动？——夸孩子持续锻炼的坚持

情景展现

乐乐平时特别懒惰，总是找各种借口逃避运动，不仅越来越胖，身体素质也逐渐下降。爸爸决定鼓励他坚持锻炼，培养运动习惯。

问题分析：不爱运动对身体的影响

孩子懒惰不爱运动，不论从生理方面还是心理方面，都将对孩子的成长造成影响。其一，从生理方面来讲，长期不运动的孩子，他们身体的各项机能得不到有效锻炼，会导致免疫力下降，容易生病。而且缺乏运动还可能引发肥胖问题，影响孩子的身高生长和外在形象。其二，在心理方面，不爱运动的孩子往往缺乏活力和自信，社交能力也可能受到影响。长期的慵懒状态还会使孩子形成拖延、消极的生活态度，对学习和未来的发展产生不利影响。

教育思路：激发孩子的内在动力和成就感

孩子懒惰不爱运动，主要原因是没有体验到运动带来的乐趣和成就感，以及缺乏外在的积极引导和鼓励。家长要帮助孩子找到适合他们的运动项目，让运动变得有趣味性，从而激发孩子的内在动力。

· 让孩子体验到运动的乐趣

现代生活中，电子产品和五花八门的娱乐活动占据了孩子们的大量时间，使得他们对传统的运动项目缺乏兴趣。为了激发孩子的运动热情，家长应鼓励孩子尝试多种运动项目，让孩子在尝试中找到自己喜欢的项目。同时，将运动设计成游戏形式，增加趣味性，也是吸引孩子参与的有效方法。此外，家长可以多和孩子一起参与运动，不仅能增进亲子关系，也能让孩子在互动中感受到运动的乐趣。

· 帮孩子懂得坚持运动的意义

在快节奏的生活中，孩子们往往只关注眼前的快乐和满足，而忽视了运动带来的长期益处。为了帮助孩子理解坚持运动的重要性，家长可以与孩子一起设定短期和长期的运动目标，并记录孩子的运动过程和进步。通过分享成果和感受，让孩子直观地看到自己的成长和变化，进而增强他们的成就感和自信心。

· 勇敢面对运动的疲惫和体力考验

对于刚刚开始运动的人来说，体力要求和运动后的疲惫感对他们来说都是挑战。然而，正是这种挑战，才让孩子有机会锻炼自己的意志力和耐力。为了克服孩子恐惧疲惫的心理，家长应从简单的运动开始，逐步增加运动难度和时间，让孩子逐渐适应运动的节奏和强度。同时，在孩子完成运动后，及时给予正面鼓励和表扬，让他们感受到自己的努力和进步被认可。

· 及时看到孩子对运动的坚持和努力

在帮助孩子改变不爱运动的习惯时，家长应特别注重夸奖孩子在锻炼方面的坚持和努力。每当孩子完成一次运动或达到一个小目标时，都要及时给予肯定和鼓励。夸奖的语言要具体、真诚，让孩子感受到自己的努力和进步被看见、被重视。这样的夸奖不仅能增强孩子的成就感，还能激发他们继续坚持运动的动力。

夸孩子金句实例

当孩子愿意尝试运动时，可以这样夸奖他 / 她：

502. “你这么爽快地答应上篮球课，真的很让人惊喜，相信你会在运动中发现不一样的自己。”

503.“你愿意开始运动，这是一个非常好的决定，你真有勇气。”

504.“你能克服自己的惰性，迈出坚持运动的第一步，太棒了！”

505.“孩子，答应尝试学游泳，妈妈为你感到骄傲。”

506.“你开始运动了，这是一个了不起的开始，继续加油。”

507.“你能鼓起勇气去晨跑，这比什么都重要，你真的太棒啦！”

508.“你愿意迈出这关键的一步，说明你有改变自己的决心，加油！”

509.“从你尝试运动的那一刻，就已经超越了很多人，你超棒！”

当孩子坚持运动了一段时间时，可以这样表扬他 / 她：

510.“宝贝，你已经坚持晨跑这么多天了，你的毅力真让人佩服。”

511.“宝贝，你每天都能按时打羽毛球锻炼身体，你是怎么做到这么自律的？”

512.“坚持让运动成了你生活的一部分，让我对你刮目相看啦。”

513.“你看，因为你的坚持，你的身体越来越棒了，要继续坚持哟。”

514.“你在运动上的坚持是很多大人都做不到的，你真的很棒！”

515.“宝贝，你坚持运动的天数越来越多，太了不起啦！”

516.“哇，你每天风雨无阻地坚持跑步，这种自律精神太值得称赞了。”

517.“你的坚持让运动彻底融入了你的生活，你已经成为了运动小达人，继续努力哦。”

518.“看呀，持续运动让你的精神状态都不一样了。”

519.“一个月的游泳锻炼，让你的体态更挺拔了，要继续呀。”

当孩子在运动中取得进步时，可以这样鼓励他 / 她：

520.“宝贝，你这次运动的时间比上次长了，进步真大，你一定付出了很多努力。”

521.“哇，你这次跑步的速度提高了，说明你的锻炼有效果，继续加油。”

522.“你能完成这个高难度动作，真的很了不起。”

523.“你看，你的运动技能越来越熟练了，真的很有天赋呢。”

524.“你在运动中的进步大家都看在眼里，宝贝，你是我们的骄傲。”

525.“恭喜啊，你的篮球技巧进步啦，所有人都能看得到你的付出和努力。”

当孩子带动身边的人一起运动时，可以这样夸赞他 / 她：

526. “你能带动小伙伴一起打篮球，真的很有号召力。”

527. “哇，你让身边的人都爱上了跳绳，你真的很有感染力。”

528. “宝贝，你不仅自己坚持运动，还能影响他人，你真的很优秀。”

529. “你看，因为你号召大家锻炼身体，我们都开始喜欢上跑步啦。”

530. “孩子，你在运动方面的影响力越来越大了。”

531. “你不仅自己热爱运动，还能传递这份热情，你真的是大家的榜样。”

532. “宝贝，你都能带动小伙伴参与运动啦，真让人惊喜。”

总爱浪费？——夸孩子勤俭节约的行为

情景展现

小明吃饭容易剩饭剩菜，妈妈想要让小明知道粮食的来之不易，让他改掉浪费的坏习惯，变成一个勤俭节约的孩子。

问题分析：浪费行为会造成多重后果

面对孩子的浪费行为，如果不加以制止和引导，可能会产生诸多危害。在资源方面，浪费食物、文具等意味着对自然资源和社会劳动成果的无端消耗，加剧资源紧张局势。从孩子的品德培养方面来看，长期浪费易使孩子形成不珍惜劳动成果、不懂感恩的不良品德，影响其价值观的塑造。在家庭经济层面，过度浪费会增加家庭不必要的开支。在社会层面，孩子的浪费习惯若蔓延下去，则会影响社会风气，为未来社会的健康发展埋下隐患。

教育思路：塑造正确的价值观，养成节约的习惯

不懂珍惜，爱浪费是一些孩子存在的不良习惯，孩子不知道赚钱的不容易，不知道劳动成果的难得，当孩子知道粮食的珍贵，知道资源的稀缺，懂得劳动付出的辛苦，才能从自我做起，从小事做起，在日常生活中杜绝浪费。

· 帮孩子塑造正确的价值观

现代社会物质充裕，消费文化盛行，孩子身处其中，容易被各种广告、潮流引导，滋生追求物质享受、轻视节约的观念。比如新玩具、新文具不断涌现，孩子往往喜新厌旧，随意丢弃尚有使用价值的旧物。父母作为孩子的第一任老师，可借助绘本、故事、影视等素材让孩子明白粮食和生活用品的来之不易。还可以观看环保纪录片，了解资源短缺的现状，使孩子深知浪费的严重后果。父母在生活中也要以身作则，珍惜每一滴水、每一度电，孩子会在潜移默化中受到感染。

· 珍惜劳动成果，养成节约习惯

有的孩子生性活泼，自律性较差，在节约习惯养成方面存在困难。他们难以抑制即时满足的心理，在面对美食、新物品时，常常不顾及是否会造成浪费。培养孩子的节约习惯需从生活细节入手，制定明确规则并严格执行。如家庭用餐实行按需取餐制度，吃多少盛多少，让孩子学会珍惜。鼓励孩子参与家务劳动，如帮忙种植蔬菜，在劳动过程中体会收获的不易，从而更加珍惜劳动成果，逐渐养成节约习惯。

· 对孩子的节约行为及时给予认可和激励

在日常生活中，家长往往更关注孩子的学业成绩，容易忽视孩子在节约方面的努力和进步，导致孩子缺乏持续保持节约行为的动力。家长应转变视角，敏锐捕捉孩子在节约上的闪光点。当孩子主动拧紧水龙头、用旧作业本背面演算、将穿小的衣服捐赠时，及时给予肯定，夸孩子的具体行为，让孩子感受到自己的节约行为被重视、被认可，从而进一步激发孩子践行勤俭节约的动力，在不断的认可和激励中，将节约内化为自身的品质和习惯。

夸孩子金句实例

孩子认识到浪费的错误时，可以这样肯定他 / 她：

533. “你能这么快认识到自己存在的问题，真的很棒。”

534. “你是个有担当的孩子，你有勇气承认错误，这比什么都重要。”

535.“宝贝，你意识到浪费不对，这就是进步的开始。”

536.“你看，你能反思自己的行为，说明你在成长，真为你高兴。”

537.“你这么快就明白浪费的错误，真的很了不起，要保持这种觉悟哦。”

538.“你能认识到问题，说明你是个懂事的孩子，相信你一定可以改掉浪费的坏习惯。”

539.“你对浪费有了新的认识，这是一个很好的转变。”

540.“你能及时发现自己的不足，接下来肯定能改掉浪费的习惯。”

孩子开始珍惜粮食时，可以这样赞美他/她：

541.“宝贝，你把饭吃得这么干净，真的很乖。”

542.“现在懂得珍惜粮食了，妈妈看到你养成了节约的习惯，很开心。”

543.“你珍惜每一粒米饭，这是非常好的习惯。”

544.“看你吃得这么香，还不浪费，你真是个好孩子。”

545.“宝贝，你能珍惜粮食，说明你懂得感恩，真的很棒。”

546.“你真了不起，能做到不浪费粮食，要继续保持哦。”

547.“你除了节约粮食，还知道节约用水用电了，真了不起！”

孩子开始养成勤俭节约的习惯时，可以这样夸奖他 / 她：

548.“孩子，你现在养成了勤俭节约的习惯，让爸爸妈妈骄傲。”

549.“你在生活中处处节约，这是非常难得的品质。”

550.“宝贝，你能把节约落实到行动中，真的很棒！”

551.“看你这么节约，家里的资源都能得到更好地利用了。”

552.“你养成的节约习惯，会让你终身受益。”

553.“孩子，你勤俭节约的习惯越来越好了，让妈妈都自愧不如啦。”

554.“宝贝，你在节约方面的表现太出色了，可以成为别人的榜样啦。”

555.“哇，你已经把节约变成了自己的生活方式，真的很棒，继续保持。”

孩子劝告身边的人不浪费，保持勤俭节约时，可以这样表扬他 / 她：

556.“你能提醒别人不浪费，真是很有责任感的好孩子。”

557.“你用自己的行动带动他人节约，这太厉害了。”

558.“看你这么积极地提倡节约，真的很优秀，继续努力吧。”

559. “你能让身边的人都加入节约行列，非常有节约意识。”

560. “你真厉害，能带动身边的人一起节约，继续保持这种正能量。”

561. “孩子，你劝告同学不剩饭剩菜的行为很值得称赞，为你点赞。”

562. “看，弟弟妹妹已经被你带动起来了，现在不会浪费粮食啦。”

第三章

夸学习习惯，开启主动学习新篇章

注意力不集中？——夸孩子学习时的专注力

情景展现

小可学习时总难以集中精力，别人都在认真写作业，就他东张西望，老师看到后决定和他谈心，帮助他改掉注意力不集中的毛病。

问题分析：注意力不集中的危害

孩子注意力不集中会影响到学习和生活的方方面面。在课堂上注意力不集中，会导致错过重点，写作业效率低、错误多，成绩下滑。生活中，会导致做事拖沓、丢三落四，还易引发安全问题，社交中也有可能因沟通不畅被孤立。久而久之，会影响身心发展。

教育思路：因材施教，培养有助于提升专注力的兴趣

· 了解原因，因材施教

造成孩子注意力不集中的原因有很多，家长不能一味地批评，而要注意观察分析，制定有针对性的解决方案。如果是因睡眠不足、营养不良等生理性因素或是因学习压力太大，导致的焦虑、缺乏兴趣等，家长应及时寻求医生或心理咨询师的帮助。如果是因学习环境嘈杂、干扰因素过多，或学习任务难度不合适导致的专注力下降，家长应调整孩子的学习环境，为他们创造一个安静、舒适的学习环境，或者制定更适合孩子现有能力的学习计划。

· 培养兴趣，激发动力

兴趣在提升孩子注意力中发挥着关键作用，兴趣是最好的老师，选择孩子感兴趣的学习内容和活动，能更轻松地吸引他们的注意力。将学习内容融入游戏，增加趣味性和互动性，可有效提高孩子的参与度。当孩子专注地完成一件事时，及时给予表扬和鼓励，强化他们的积极行为。

· 训练专注力，提升自控力

可以通过拼图、积木、迷宫等游戏，训练孩子的视觉专注力和空间思

维能力，引导孩子进行如深呼吸、冥想等简单的正念练习，帮助他们集中注意力。同时引导孩子合理安排时间，制定学习计划，并逐步延长专注时间。专注力的训练需要循序渐进，从短时间开始，慢慢延长训练时长，并且坚持每天练习，才能收获良好的效果。

夸孩子金句实例

当孩子愿意放下其他事情开始学习时，可以这样夸奖：

563. “你能主动放下玩具，马上开始学习，这自律的小模样太让我惊喜了。学习之旅已经开启，你肯定能收获满满新知识。”

564. “不用爸妈提醒，你就能放下手里的漫画书来学习，这种对学习的重视，真的值得点赞！”

565. “我的小宝贝太棒啦，主动开启学习模式，学习就是成长的加速器，你已经迈出了超棒的一步。”

566. “宝贝，你能很快地放下手中的游戏，专注学习，这果断的转变太让我佩服了，相信今天的学习会很有成效。”

567. “你能自觉放下其他事情，投入学习，这就是好习惯养成的开始，继续保持，你会越来越优秀。”

568. “放下其他事情开始学习，这是对自己负责的表现，学习新知识会让你变得更厉害。”

569. “你毫不犹豫地放下画笔开始学习，这种对时间的合理安排，真的让我特别欣慰。”

570. “你主动放弃玩耍时间来学习，真的长大了，懂得合理分配时间，学习起来肯定事半功倍。”

571.“你不再和妹妹一起看动画片，而是回屋学习，这认真的劲头，肯定能让你在学习中发现不少乐趣。”

572.“宝贝，你越来越自律了，学习会让你看到更广阔的世界，加油！”

当孩子学习时不再被别的事物吸引注意力，可以这样称赞：

573.“听到外面小伙伴在玩耍，你都没有被吸引，而是继续专注学习，这定力太赞了！”

574.“学习时你克服了手机的吸引力，这种超强的专注力，会让你学习越来越好的。”

575.“爸爸看电视时，你仍然能专心学习，完全不受干扰，你的专注力有了质的飞跃，继续保持呀。”

576.“弟弟/妹妹在旁边吵闹，你都能心无旁骛地学习，这种专注精神太值得表扬了。”

577.“玩具就放在桌上，你学习时都没去碰一下，这专注力真的让我刮目相看，继续加油。”

578.“写完作业才开始吃零食，你能沉浸于知识的海洋，具备这种自律和专注，未来肯定能成大器。”

579.“家里来了客人，你都能沉浸于学习，妈妈真为你骄傲。”

580.“外面的热闹丝毫没有影响你学习的专注，你已经掌握了成功的秘诀，加油。”

当孩子因专注学习而取得好成绩时，可以这样表扬：

581.“宝贝，这次成绩这么出色，都是你专注学习的成果，你的努力爸妈都看在眼里！”

582.“这次成绩进步了，是因为你认真学习了，继续保持这股专注劲儿，未来肯定会更优秀。”

583.“你专注学习的每一分每一秒都没有白费，成绩进步都是你努力和专注的最好证明。你用行动告诉大家，专注的力量有多么强大，真为你骄傲。”

584.“在学习上你一丝不苟，不放过任何一个知识点，这种专注的态度会让你在未来的道路上无往不胜。”

585.“专注学习的你是弟弟/妹妹的榜样，是专注让你收获了如此优异的成绩，希望你能一直保持这种态度，去探索更多知识的奥秘。”

586.“你在学习过程中展现出的专注和毅力，是你成功的关键，继续保持这份专注，你一定会实现自己的梦想。”

587.“太棒啦，宝贝。这次的好成绩是对你专注学习的最好回报。你在学习时不受外界干扰，全身心投入，这种专注的学习态度会伴随你一生，帮助你在感兴趣的领域取得成功。继续努力哟。”

588.“你专注学习的每一个瞬间，都在为你的未来积累能量，现在这些能量都转化为了闪闪发光的成绩，继续加油，你非常有潜力。”

自控力弱不自觉？——夸孩子的自我监督能力

情景展现

悠悠是一个很聪明的小孩，但他常常管不住自己，学习时总是想着玩，爸爸决定监督他好好写作业。

问题分析：自控力弱的危害

孩子自控力较薄弱，往往难以坚持目标，容易拖延和放弃，导致学业和生活中难以取得长期成就。并且，总是管不住自己，总是沉迷于游戏、网络等，会形成不良习惯，影响身心健康。再者，自控力弱的孩子情绪管理也困难，容易冲动行事，甚至导致诚信问题和责任感缺失。如果不及时纠正，长大以后会引发更多的问题。比如难以控制消费欲望，难以坚持健康的生活方式等等。总之，自控力弱不仅阻碍个人发展，还会降低生活质量。

教育思路：设置奖励制度，循序渐进提升孩子的自控力

· 巧用奖励机制，练习延迟满足

家长可以在日常生活里设置巧妙的奖励机制，当孩子达成既定目标，先别急着把奖励递到他们手上，而是让孩子体会等待的过程，例如坚持一周早睡早起，周末可以去游乐场玩。面对孩子的需求，家长还可以分阶段满足，例如孩子想要某个玩具，必须通过帮忙整理房间、认真完成阅读练习等小目标来积攒兑换机会。在这个过程中，孩子能学会克制当下的欲望，逐步提升自控能力。

· 学会管理情绪，提升自控能力

家长要帮助孩子深入认识情绪，并鼓励孩子用恰当方式表达情绪，而不是一味地哭闹、撒泼打滚。例如，当孩子因为和小伙伴闹矛盾而不开心时，家长可以引导孩子说："我知道你现在心里不好受，是因为小伙伴抢了你的玩具吗？你把心里的委屈说出来，我们一起想办法。"此外，教给孩子实用的情绪调节方法，如孩子生气时，引导他闭上眼睛，慢慢地深

呼吸，感受气息的进出，让激动的情绪随着呼气逐渐消散，以此增强孩子在情绪冲动时的自控能力。

· 设定目标，循序渐进

培养孩子的自控力，还需遵循循序渐进的原则，家长可依据孩子的年龄和实际能力制定合理的目标。对刚上小学的孩子来说，设定每天放学后半小时内完成简单作业的目标比较合适；随着孩子年级升高，作业难度和量增加，目标也应相应调整。当孩子能轻松完成当前任务，就适时增加一些挑战，比如要求孩子在完成作业后，自己检查并找出错误。在这个过程中，及时反馈和鼓励必不可少，当孩子按时完成作业且准确率高时，家长要及时肯定："宝贝，你这次写作业又快又好，注意力很集中，自控力进步可大了。"遇到孩子没达到目标的情况，家长也要给予理解，和孩子一起分析原因，鼓励他下次做得更好，让孩子在逐步提升中不断强化自控力。

夸孩子金句实例

当孩子控制住自己的情绪时，可以这样说：

589. "妈妈今天很开心，因为你控制住了自己的情绪，没有乱发脾气。"

590. "大宝，妹妹抢了你的玩具，你还能耐心地教导妹妹，爸妈真为你骄傲。"

591. "孩子，你在情绪激动的时候能冷静下来，这可不是一般人能做到的，你真的很棒。”

592. “能够控制自己的情绪，是长大的表现，爸爸很欣慰。”

593. “你把坏情绪管理得这么好，以后不管遇到什么事都能从容应对，太厉害啦！”

594. “在生气时保持理智，不冲动行事，是有自控力的表现，你做得很好。”

595. “今天也是没有哭闹、没有打滚的一天，你是妈妈的小骄傲。”

596. “孩子，你在情绪上头时还能思考解决问题的办法，而不是乱发脾气，真的很有智慧。”

597. “你把情绪控制得恰到好处，让周围的人都感觉很舒服，做得真好。”

598. “老师说你和同学发生矛盾时也能控制住情绪，友好沟通，太会处理问题啦。”

599. “孩子，你能成功驾驭自己的情绪，说明你的内心越来越强大了，妈妈真为你高兴。”

当孩子自控力提升，开始自觉学习时，可以这样说：

600. “你今天不用妈妈提醒就主动去学习，自觉性提高太多了，继续加油。”

601. “你能控制自己，抵制住玩耍的诱惑，主动学习，真的太让爸爸欣慰了。”

602. “你居然主动放下手机开始学习了，妈妈给你点赞。”

603.“你现在越来越能专注于学习了，这份自控力太让我惊喜了。”

604.“你学会了控制自己，能合理安排学习时间，真的是越来越会学习了。”

605.“你在学习上的自觉性越来越强，爸爸妈妈都看在眼里，你真棒！”

606.“老师夸你最近听课很认真，不再开小差，爸妈很开心。”

607.“听说你上课不再和同桌聊天，而是专心听讲，宝贝越来越棒了。”

608.“最近的学习成绩有所提升，这都是你自控力提升的结果，继续加油哦。”

609.“你能主动规划学习，还能严格执行，真的是个自律又优秀的孩子。”

610.“你控制住自己玩游戏的想法，选择先学习，真的很有定力。”

611.“你自觉学习，还能主动复习和预习，你的学习习惯越来越好啦。”

612.“你主动克服学习中的困难，不轻易放弃，这份坚持太可贵了。”

613.“你自觉学习，还能举一反三，真的是个聪明又努力的好孩子。”

当孩子学会自我监督时，可以这样说：

614.“你现在不仅能自己监督自己，还把事情都做得妥妥当当，真的让妈妈太惊喜了。你有这样的自控力和自律性，以后肯定能做成大事。”

615.“看到你学会自我监督，还能带领弟弟/妹妹一起学习，爸爸真为你骄傲。”

616.“我的宝贝真的长大了，会自我监督，自控力也越来越强，不管是学习还是生活都能安排得井井有条，你太棒啦！”

617.“小家伙，现在对自己的要求越来越严格了，你是个让爸妈省心的好孩子。”

618.“你在自我监督下，自控能力越来越强，每次看到你认真努力的样子，妈妈都觉得你未来不可限量。”

619.“你学会了抵制各种诱惑，这背后的努力和坚持我们都看在眼里，你真的很了不起。”

620.“你学会了劳逸结合，把握学习节奏，真的给了我们一个大大的惊喜，继续保持，你会越来越优秀。”

621.“你的自控力越来越好了，这样的成长和进步太明显了，妈妈为你感到无比开心。”

622.“你在自我监督的过程中，展现出超强的自控力，以后不管遇到什么挑战，你都能从容应对。”

623.“控制自己、言行一致是非常好的品德，真的太让爸爸妈妈欣慰了，你是最棒的！”

不会安排学习时间？——鼓励孩子制定学习计划

情景展现

小白是个学习认真的孩子，但即便每天晚上学习到很晚，有时还是写不完作业。老师认为是她不会安排学习时间，决定教她如何做好学习计划。

问题分析：不会合理安排学习时间的危害

孩子不会安排学习时间，这个问题不容小觑。从学习角度而言，学习时没有明确的计划，会导致任务积压，知识无法及时巩固，效率低下，成绩难以提升。同时，不能合理规划学习时间会影响生活的节奏，写不完作业还会占用休息和娱乐时间，造成作息紊乱，影响身心健康。长期如此，孩子还易产生焦虑、厌学情绪。缺乏时间观念，未来面对工作和生活中的任务时，也难以合理分配精力，影响个人成长与发展。

教育思路：设定学习目标，合理规划学习时间

· 引导目标设定

先帮孩子一起明确学习目标，比如在下次考试中提高数学成绩 10 分。目标要具体、可衡量，这样孩子才知道努力的方向。接着，将大目标分解成小目标，如每天做 20 道数学题，每周整理一次错题。让孩子清楚每个阶段需要完成什么，逐步向大目标迈进。

· 认识时间管理

用简单易懂的方式，比如制作时间轴，让孩子了解一天的时间分配。引导孩子找出学习效率高的时间段，像有的孩子早上记忆力好，就安排背诵课文；晚上思维活跃，适合做数学题。同时，要让孩子明白劳逸结合的重要性，预留休息和娱乐时间，避免学习计划过于紧凑。

· 计划制定实操

和孩子一起制定学习计划，每一周，都能详细安排每天的学习任务。比如早上预习语文课文，下午完成学校作业，晚上复习当天知识。使用

日历或学习计划本，将计划可视化，使孩子能更直观地看到任务安排。制定过程中，充分听取孩子的意见，让他们更有参与感，执行起来也更积极。

· 监督与调整

在孩子执行学习计划的过程中，家长要定期检查，给予鼓励和支持。如果孩子完成得好，及时表扬；遇到困难，一起分析原因，调整计划。比如孩子觉得每天做20道数学题难度大，就适当减少题量，确保计划切实可行。随着孩子学习情况的变化，适时优化计划，让计划始终符合孩子的需求。

夸孩子金句实例

当孩子学会了制定学习目标，可以这样表扬：

624.“你能自己制定学习目标啦，这可是迈向成功的第一步，太了不起了！”

625.“你制定的学习目标清晰又具体，说明你对自己的学习情况十分了解，真为你骄傲。”

626.“你懂得制定学习目标，就像给自己找到了学习的小灯塔，以后肯定能一路向前，越来越棒。”

627.“这次的目标，比较有挑战性，爸妈相信你一定能够实现。”

628.“这学期你主动制定了学习目标，这是积极进取的表现，继续保持，你会收获满满。”

629.“有了学习目标，你会在学习上更用心，继续加油哦。”

630.“你制定的学习目标让我们看到了你的决心和努力，相信你一定能实现它。”

631.“你能制定出符合自己情况的学习目标，真的很会思考，为你的智慧点赞。”

632.“制定的学习目标，是你学习进步的重要保证，要向着目标努力前进哟。”

当孩子学会了制定学习计划，可以这样表扬：

633.“哇，你学会制定学习计划啦，以后学习就更有条理啦，你太棒了！”

634.“你制定的学习计划考虑得真周到，把学习和休息都安排得妥妥当当，太厉害啦！”

635.“你能制定出这么详细的学习计划，说明你已经掌握了学习的小窍门，继续保持哦。”

636.“你制定的学习计划很合理，充分利用了时间，你的规划能力让爸爸妈妈都很佩服。”

637.“你主动制定学习计划，这是对自己负责的表现，你真的长大了。”

638.“看到你制定的学习计划，我们就知道你学习越来越有方法了，继续加油。”

639.“有了学习计划，就不怕学习一团乱麻了，做得真好。”

640. “你学会了制定学习计划，就像为学习之旅绘制了一幅完美地图，肯定能顺利到达目的地。”

641. “好的学习计划能让学习变得轻松有序，你真是个聪明的孩子。”

642. “这份学习计划，让我们看到了你的用心，你一定能学好。”

当孩子能够执行好学习计划，可以这样表扬：

643. “你这几天一直严格执行学习计划，这种自律和坚持太让爸爸妈妈惊喜啦。”

644. “你把学习计划执行得这么好，学习效率都提高了，继续加油，你会越来越优秀。”

645. “你能认真执行学习计划，不偷懒、不放弃，你的毅力真让我们佩服。”

646. “按照学习计划一步一个脚印地前进，你的学习成绩肯定会越来越好。”

647. “看到你认真执行学习计划，爸爸妈妈知道你在学习上付出了很多努力，真棒！”

648. “你在执行学习计划的过程中还能灵活调整，我们看出了你的认真，孩子我为你骄傲。”

649. “有了这个学习计划，你的学习和生活都变得更充实了，你真厉害！”

650. “你能坚持执行学习计划，说明你有很强的自我管理能力，继续努力。”

651.“你执行学习计划的每一天都在进步，我们相信你未来一定前途无量。”

当孩子完成了学习目标和计划，可以这样表扬：

652.“你成功完成了学习目标和计划，这都是你努力的结果，你真的太了不起了！”

653.“你做到了，完成了自己制定的学习目标和计划，爸爸妈妈为你感到无比自豪。”

654.“你用行动证明了自己的实力，完成学习目标和计划的你就是超级小英雄。”

655.“你达成了学习目标，还完美执行了计划，你的努力和坚持得到了最好的回报。”

656.“你完成学习目标和计划的那一刻，真的太耀眼了，你是我们心中的骄傲。”

657.“你通过自己的努力实现了目标，完成了计划，这种成就感会让你更有动力前进。”

658.“你在完成学习目标和计划的过程中克服了那么多困难，你的勇气和毅力值得称赞。”

659.“你成功完成了学习目标和计划，说明你有很强的执行力和决心，继续加油。”

660.“你实现了学习目标，完成了计划，这是你成长路上的一个大飞跃，未来可期。”

不爱读书？——夸孩子阅读后的深刻理解力

情景展现

小辉原本对读书缺乏兴趣，总是觉得书本枯燥无味。一次偶然的机会，他发现了一本有趣的故事书，从此开启了阅读之旅。

问题分析：不爱读书则思维受限

孩子的阅读习惯需要从小培养。如果孩子阅读能力不佳，可能无法理解学习上遇到的复杂概念，成绩自然不理想。从孩子思维发展角度而言，阅读能够锻炼思维能力。不爱读书的孩子，思维会相对受限，缺乏深度和广度。他们难以从多角度思考问题，在解决问题时可能会缺乏创新思维。而且，读书也是一种良好的休闲方式，能丰富精神世界。不爱读书的孩子可能会将大量时间浪费在无意义的娱乐活动上，久而久之，精神世界会变得空虚，甚至可能影响价值观的形成。

教育思路：体会阅读乐趣，看到阅读价值

孩子不爱读书，往往是因为没有感受到阅读的乐趣，也没有看到阅读的价值。爱玩是孩子的天性，他们更容易受到外界影响，因此，良好的阅读环境，身边人的影响和带动，对孩子的阅读习惯培养十分重要。而且当孩子在阅读中获得成就感和被认可时，他们也会更愿意主动阅读。

· 提升阅读兴趣和理解能力

从生理上看，孩子的大脑还在不断发育，对事物的认知和理解能力也在逐渐提升。然而，有些孩子可能因为缺乏引导，对阅读的兴趣不高。家长可以为孩子选择适合他们年龄和兴趣的书籍，激发他们的阅读兴趣。例如，给孩子讲述有趣的故事，让他们对书籍产生好奇。同时，帮助孩子理解书中的内容，提高他们的阅读能力。

· 让孩子看到阅读的价值

人都有趋利性，从心理学角度看，趋利性是一种本能的驱动。孩子

在看不到读书对自己有哪些帮助时，就难以长期坚持阅读。家长要引导孩子认识到阅读是获取知识、了解世界的重要途径。比如在阅读历史书籍时，孩子能了解到不同时代的变迁、文化的传承，感受到人类文明的博大精深。可以给孩子讲述一些名人故事，让他们明白阅读对于个人成长和成功的重要性。同时，鼓励孩子将阅读与生活实际联系起来，如通过阅读学习烹饪、种植等技能，让孩子感受到阅读的实用性。

· 营造一个好的阅读环境

如果孩子在阅读时，周围环境嘈杂，家长玩手机、看电视等，都会对孩子的阅读造成干扰，家里可以设置专门的书房，摆放书架，书架上摆放各种类型的书籍，方便孩子随时取阅。

在阅读空间的布置上，可选择柔和的灯光，给孩子准备舒适的座椅和小桌子。还可以在墙上张贴一些鼓励阅读的标语、名人名言等。同时，家长还可以和孩子一起商议，设置家庭阅读时间，全家一起阅读，营造良好的阅读氛围。

· 让孩子在阅读中找到自信和成就感

孩子在阅读中可能会遇到困难，容易产生挫败感。家长应该帮助孩子克服困难，让他们在阅读中体验到成功的喜悦。当孩子在阅读中取得进步时，及时给予表扬和鼓励。例如，孩子读完一本难读的书后，家长可以对他们的努力和进步给予肯定，让孩子感受到自己的能力得到了认可。

夸孩子金句实例

当孩子愿意分享阅读后的感悟时，可以这样表扬：

661.“宝贝，你能分享自己阅读后的想法，真的很勇敢，这是你成长的重要一步。”

662.“你能敞开心扉和我们分享阅读感受，太棒了。”

663.“你主动分享阅读感悟，一定能从书中收获更多。”

664.“你这么坦诚地和我们分享阅读的收获，让我们看到了你对知识的渴望。”

665.“你敢于把自己的阅读感受讲出来，很了不起哦。”

666.“宝贝，你愿意分享阅读后的内心想法，我们很开心。”

667.“你能和我们说出书中有趣的地方，说明你对阅读有了新的认识。”

668.“孩子，你主动分享阅读感悟的行为值得表扬。”

当孩子对阅读有了新的理解时，可以这样肯定：

669.“你能对书中内容有这么深刻的理解，说明你很有天赋。”

670.“宝贝，你对书中内容的理解让我都望尘莫及。”

671.“宝贝，你对书籍内容的理解很到位，这会让你的生活更充实。”

672.“太棒了，你有了深入理解书籍内容的能力，这一定会让你变得更优秀。”

673.“你能在阅读中不断进步，说明你长大了，有了更强的阅读能力。”

674.“真为你高兴，你懂得在阅读中深入理解，这会让你在很多方面都取得成功。”

675.“你的阅读收获让我们看到了你的努力，加油，你在阅读上会更上一层楼的。”

676.“孩子，你能在阅读中深入理解知识，是大家学习的榜样，继续努力。”

当孩子主动阅读时，可以这样鼓励：

677.“宝贝，你主动阅读的样子真可爱。可以跟我们分享一下你喜欢的书吗？”

678.“爸爸妈妈支持你阅读，你一定会发现更多有趣的书籍。”

679.“你的阅读表现真出色，说明你很有潜力呀。继续坚持吧。”

680.“真不错，你有了新的爱好，主动爱上阅读。”

681.“看到你在阅读中享受快乐，妈妈也为你开心，真好。”

682.“周末请朋友到家里来一起阅读吧，爸爸妈妈会好好招待大家。”

683.“跟朋友一起分享喜欢的书时，你的表达十分自信，这都是你主动阅读的收获。”

当孩子在阅读中取得进步时，可以这样激励：

684. “你的进步太大了，阅读的能力提升了这么多，真为你骄傲。”

685. “宝贝，你成功提高了阅读能力，这是你努力的结果。”

686. “你现在读书又快理解力又好，看来又需要为你存一批经典图书啦。”

687. “你克服了原来看书就犯困的毛病，已经取得了巨大进步啦。”

688. “孩子，你阅读习惯的改变让我们欣慰，继续保持这样的好状态。”

689. “真不错，你战胜了自己，阅读这件事再也不会困扰你啦。”

690. “宝贝，你的阅读能力飞速进步，是大家学习的榜样，妈妈也要向你学习，不能落后。”

691. “你阅读的情况越来越好，这说明你有很强的自我管理能力，真厉害。”

回答问题不积极？——夸孩子积极发言的勇气

情景展现

晓睿在课堂上总是害怕回答问题，不敢举手发言。老师察觉到了他的情况，鼓励他勇敢地表达自己的想法。

问题分析：不积极的心态限制孩子的性格发展

孩子回答问题不积极，会错过很多学习和成长的机会。从学习层面来看，课堂上回答问题是巩固和深化知识的重要环节。不积极回答问题，就无法及时检验自己对知识的掌握程度，也难以从老师的反馈中获得更多的指导。长此以往，可能会导致学习成绩下滑。从心理层面来说，不敢回答问题会让孩子逐渐失去自信，变得胆小、害羞，在面对挑战时，容易退缩，不敢尝试新事物。

教育思路：培养自信心，增强参与感

孩子回答问题不积极，往往是因为存在恐惧和顾虑的心理，担心回答错误，担心同学嘲笑、老师批评等，这也是孩子缺乏自信心的一种表现。通过鼓励和认可孩子，增强孩子的自信心，让孩子对课堂互动产生兴趣，在增强参与感后，孩子就会更愿意主动发言。

· 帮孩子消除恐惧与顾虑心理

孩子上课不积极回答问题，往往源于内心的恐惧和顾虑。为消除这种心理，家长和老师需与孩子进行深入沟通，了解他们的真实想法。通过分享自己的成长经历，告诉孩子出错是学习的一部分，鼓励他们勇于尝试，不怕失败。同时，营造一个包容、积极的课堂氛围，让孩子感受到回答问题的安全感和被尊重的价值感。

· 培养孩子回答问题的自信心

自信心不足也是孩子不愿积极回答问题的原因之一。家长和老师可以通过肯定孩子的进步和努力，帮助他们建立自信。当孩子在课堂上有一次勇敢的回答时，及时给予表扬和奖励，让他们感受到成功的喜悦。此外，还可以鼓励孩子参与课外活动，如演讲比赛、辩论赛等，通过实践锻炼他们的表达能力和自信心。通过这些方式，孩子会逐渐认识到自己的价值，能更加积极地参与课堂互动。

· 增强孩子的课堂参与感

孩子对课堂内容的兴趣程度直接影响他们回答问题的积极性。因此，老师应努力激发孩子的学习兴趣，让他们对课堂内容产生浓厚的好奇心和求知欲。这可以通过设计有趣的课堂活动、引入生动的案例、利用多媒体教学等方式实现。同时，鼓励孩子在课堂上提出问题、分享观点，让他们成为课堂的主人。当孩子对课堂内容产生浓厚兴趣时，他们自然会更加积极地参与讨论和回答问题。

· 家校合作，共同引导孩子积极参与

家校合作是培养孩子积极回答问题的关键。家长和老师应保持密切沟通，共同关注孩子的课堂表现和心理状态。家长可以在家中与孩子一起复习课堂内容，鼓励他们分享自己的想法和疑问。同时，老师也可以向家长反馈孩子在课堂上的表现，以便家长更好地了解孩子的进步。通过家校合作，形成教育合力，共同引导孩子积极参与课堂互动，培养他们回答问题的勇气和自信心。

夸孩子金句实例

当孩子主动回答问题时，可以这样肯定：

692.“宝贝，你真勇敢，主动回答问题是成功的第一步。”

693.“你能勇敢地表达自己的想法，太棒了。这说明你对自己充满信心。”

694.“孩子，你主动回答问题的样子真酷。”

695.“你这么勇敢地回答问题，让我们看到了你好好学习的决心。”

696.“老师提问后你总是第一个举手，这种勇气将伴随你一生。”

697.“宝贝，你在课堂上主动分享自己的想法，让我们认识到了你的勇敢一面。”

698.“你勇于表达自己的看法，即使说错了也不怯场，这是成大事者的潜质。”

699.“孩子，你能主动回答问题，勇气可嘉。”

当孩子回答问题后得到肯定时，可以这样鼓励：

700.“你回答得非常好，这是你迈向成功的第一步。”

701.“宝贝，你回答问题的样子超帅！希望你以后更加积极些。”

702.“老师们都说你在课堂上回答问题很积极，我觉得你越来越棒了。”

703. “太棒了，你有了积极回答问题的能力，这一定会让你变得更优秀。”

704. “你这么认真地回答问题，真的很厉害，我们期待你的表现。”

705. “宝贝，你积极回答问题的做法很明智，这会让你学习起来事半功倍。”

706. “你能勇敢地回答问题，说明你长大了，有自信了。”

707. “真为你高兴，你懂得积极回答问题，这会让你克服恐惧心理，变得强大起来。”

708. “孩子，你总是率先举手回答问题，是同学学习的榜样，要继续保持哦。”

当孩子主动参与课堂讨论时，可以这样夸赞：

709. “宝贝，主动参与课堂讨论，也是学习的一种好方法。”

710. “爸爸妈妈支持你参与课堂讨论，你一定会成为更优秀的自己。”

711. “你回答的内容都很有思想，说明你很有独立思考的能力。”

712. “真不错，你有了积极回答问题的勇气，在课堂上和老师的互动更多了。”

713. “看到你参与课堂讨论时很开心，妈妈也为你开心，真好。”

714.“课堂上积极发言，跟着老师的教学思路互动，让你更专注了。”

715.“跟同学们一起讨论问题时，你的发言很有自己独特的想法，大家都愿意和你一起讨论。”

当孩子在回答问题后取得进步时，可以这样表扬：

716.“你的进步太大了，回答问题的能力提升了很多。”

717.“你成功提高了回答问题的能力，这是你努力的结果。”

718.“你现在回答问题越来越好了，你的进步我们都能看到。”

719.“通过积极参与课堂问答，你的成绩得到了明显提升，我们为你的进步感到高兴。”

720.“宝贝，你的改变让我们欣慰，继续保持积极回答问题的状态。”

721.“真不错，你战胜了自己，通过回答问题，找到了自信。”

722.“宝贝，你的进步值得大家学习，同学们都很佩服你。”

723.“你回答问题的准确率越来越高，老师经常表扬你。”

粗心马虎？——夸孩子的细心和耐心

情景展现

萱萱是个粗心大意的孩子。在一次考试中，她因为马虎丢了很多分。老师发现了萱萱的问题，决定帮助她培养细心和耐心。

问题分析：粗心马虎容易出现错误

孩子粗心马虎，会影响学习成绩和生活质量。在学习上，粗心大意可能导致考试丢分、作业错误百出。比如在数学考试中，因为粗心大意，把简单的题目计算错误，导致成绩不理想。在生活中，粗心大意可能会导致一些麻烦，比如出门忘记带钥匙、忘记关水龙头等。长期粗心马虎还会养成不良的习惯，让孩子错误百出，自信心受到打击。

教育思路：培养细心和耐心

在孩子的学习过程中，粗心马虎是常见的问题。之所以会存在这个问题，一方面是因为孩子的大脑发育尚未完全成熟，注意力易分散，容易被外界干扰，导致无法专注于学习内容。另一方面是因为孩子缺乏良好的思维方式和习惯，对待学习任务不够认真，常凭感觉随意答题。此外，生活环境的变化、学习压力等也会影响孩子的情绪和心理状态，进而导致粗心马虎。为了帮助孩子改善这一情况，可以从以下四个方面着手。

· 培养孩子的注意力和专注力

孩子在学习时容易被外界干扰，如周围环境的噪声、同学的动静等，都可能导致注意力不集中。为了给孩子营造安静、整洁的学习环境，减少外界干扰，家长可以为孩子创造一个专门的学习空间，确保房间安静、光线充足。还可以通过一些训练活动，如拼图、搭积木、注意力训练游戏等，提高孩子的注意力和专注力。

· 引导孩子养成良好的思维方式和习惯

孩子在学习过程中缺乏正确的思维方式，表现为思维混乱、逻辑不清晰。表现在做题上，就是粗心大意，最后造成题目解答错误。如在做数学题时，不懂得分析题目，找不到解题思路，或者在计算过程中粗心大意，忽略了一些关键信息。因此，要多鼓励孩子在学习过程中多思考、多提问，帮助他们养成良好的思维习惯。还要教孩子学会归纳总结，将所学知识进行系统梳理。家长可以帮助孩子整理学习笔记，让孩子将知识点、重点、难点等记录下来，定期进行复习和总结。

· 帮助孩子培养认真的态度

孩子对学习不够重视，缺乏认真的态度。在做作业时，敷衍了事，不认真检查，对学习任务的完成质量不关心，就会经常出现错别字、漏题等情况。在孩子积极性不高的情形下，就要培养孩子对学习的兴趣和热情，鼓励孩子积极参与学习活动。如在学习过程中，让孩子参与一些有趣的实验、游戏等，提高他们的学习兴趣，培养他们认真负责的态度。

· 减轻孩子的压力并做好情绪管理

学习压力过大会使孩子产生焦虑、紧张等情绪，进而影响学习效果，主要表现为作业错误增多、成绩不理想等问题。作为家长，需要关注孩子的学习和生活状态，帮助孩子减轻压力。及时与孩子进行沟通，了解他们的需求和感受，给予他们支持和鼓励。还可以教孩子一些情绪管理方法，如深呼吸、冥想、书写情绪日记等，帮助他们调节情绪，在情绪稳定的状态下学习，就会更加细心和耐心。

夸孩子金句实例

当孩子认识到自己粗心马虎时，可以这样肯定：

724.“你真是个聪明的孩子，这么快就发现了自己的粗心之处，真是了不起。”

725.“很高兴看到你认识到自己的错误，这是进步的开始，你真棒！”

726.“你能意识到自己的粗心，说明你在用心对待学习，真的很不错。”

727.“宝贝，你的观察力真好，这么快就发现了自己的不足，值得表扬。”

728.“看到你对自己的粗心有所察觉，我感到非常欣慰。”

729.“能及时发现自己的粗心，说明你已经进步了。”

730.“你能勇于发现自己的短处，这能让你变得更优秀。”

731.“你对自己的要求真高，连一点粗心都不能容忍，真是个优秀的孩子。”

732.“真是个聪明的孩子，知道自己的粗心会影响成绩，能意识到这一点真的很棒。”

当孩子决心改掉粗心马虎的坏习惯时，可以这样表扬：

733.“你真是个有决心的孩子，决定改掉粗心马虎的坏习惯，真好。”

734. “看到你下定决心要改正错误，妈妈为你的进步开心。”

735. “你真是个有毅力的孩子，决心改掉粗心的毛病，爸爸相信你一定能做到。”

736. “能勇敢地面对自己的不足，并决心改正，勇气可嘉。”

737. “知道要为自己的学习负责，决心改掉粗心的缺点，你真是个自律的孩子。”

738. “孩子，你能下定决心改掉不良的学习习惯，说明你在不断成长。”

739. “看到你这样有决心，相信你一定能改掉粗心马虎的坏习惯，加油！”

740. “你能勇敢地面对自己的缺点，并决心改正，真是个值得表扬的孩子。”

当孩子细心完成一件事情时，可以这样激励：

741. “你真是个细心的孩子，把这件事情做得这么完美！”

742. “看到你如此认真地对待这件事情，我感到非常欣慰，你真的很棒！”

743. “能认真地完成作业，并且没有错误，说明你进步很大。”

744. “聪明的孩子，知道细心是成功的关键，你做得非常好。”

745. “真是个细心的孩子，你连一点小细节都处理得这么到位。”

746. “能如此细心地完成这件事情，说明你在不断进步，真的很值得肯定。”

747. “你的耐心很棒，让你能一步步细心地完成这件事情。”

当孩子养成细心和耐心的习惯时，可以这样夸赞：

748. “恭喜你养成了这么好的习惯，细心和耐心将会让你一生受益。”

749. “看到你如此耐心地对待每一件事，为你的稳定情绪点赞！”

750. “细心和耐心是成功的关键。孩子，你做得非常好。”

751. “宝贝，你已经拥有了细心和耐心的品质，做事一定会事半功倍。”

752. “有了细心和耐心，让你能更好地看到过程中的不足，这很值得肯定。”

753. “你能养成细心和耐心的习惯，说明你在用心对待学习，加油！”

考前不复习怎么办？——肯定孩子认真复习的努力

情景展现

禾禾认为自己有个聪明的脑子，不愿意复习学过的知识，直到考试时才傻了眼，看到自己的成绩单，她终于意识到了问题。

问题分析：孩子不愿复习知识点的危害

孩子不愿意复习，会导致知识掌握不牢固，容易遗忘，影响学习效果和成绩提升。没有复习习惯还会导致学习效率低下，考试前临时抱佛脚，增加压力和焦虑。再者，长期不复习会形成懒惰的学习习惯，影响学习兴趣和动力，进而阻碍长期的学业发展。此外，不复习可能导致基础知识薄弱，影响对后续学习内容的理解，形成恶性循环。总之，不愿意复习不仅影响当前的学业表现，还可能对未来的学习习惯和效果产生负面影响。

教育思路：优化方法，提高效率

· 让孩子亲身体会不复习的影响

和孩子一起把复习过和没复习过的知识列出来，分别进行小测试。比如复习了数学的某一章节，没复习另一章节，通过测试成绩的对比，分析答对和答错的题目分布，让孩子看到复习过的知识掌握得更好，没复习的知识错误率高。直观的数据对比能让孩子清晰地认识到不复习对知识掌握的影响，进而主动重视复习。

· 优化复习方法，提高复习效率

帮孩子找到适合的复习方法，若是视觉型学习者，可以用思维导图梳理知识点，让知识结构更清晰。例如复习语文课文时，以中心思想为核心，分支展开段落大意、重点字词等。若是听觉型学习者，可以把知识点录成音频，让孩子在上下学路上听。定期和孩子一起总结复习效果，根据实际情况调整方法，提高复习效率，让孩子愿意主动复习。

· 明确复习目标，设定奖励机制

和孩子一起制定复习目标，目标要具体、可实现。例如，复习完一个单元，要能准确说出重点内容。完成目标后，给予奖励，奖励可以是孩子喜欢的小零食、一次去公园游玩的机会等。当孩子达成目标获得奖励时，会产生成就感，从而更有动力复习。同时，在复习过程中，不断提醒孩子复习目标的意义，让他们清楚复习的价值。

夸孩子金句实例

当孩子愿意主动复习时，可以这样夸：

754. “你能主动开始复习，这份自觉性在同龄人中可不多见，继续保持，学习之路肯定会越走越顺。”

755. “你今天一放学就自主复习，连最爱的游戏都没碰，这样的自律和对学习的专注，真的让妈妈很惊喜。”

756. “你无须他人提醒，就自觉制定复习计划，把每个科目都安排得条理清晰，这种规划能力真的很棒！”

757. “宝贝，你能主动放弃玩耍，认真复习，对知识的渴望和对进步的追求，都体现在行动里，真的成长了不少。”

758. “你自主安排复习，还专门整理了错题本，把易错知识点都记录了下来，这真是种高效的学习方法。”

759. “今天回家就主动开始复习，这次的期末考试你一定能行！”

760. “你主动复习，为自己的学习注入动力，就像加满油的小火箭，肯定能在知识的天空里飞速前进。”

761.“积极主动复习，还主动查阅资料拓展知识，这样的探索精神，会让你在学习上收获更多。”

当孩子认真复习后，可以这样肯定：

762.“妈妈看到你这次复习时，每一道数学题都反复演算，每一个英语单词都认真拼写，这么专注努力，成绩肯定会大幅提升。”

763.“老师说你复习语文课文时，不仅能熟练朗诵，还能深入理解文章含义，不放过任何一个细节，这种认真的态度太可贵了。”

764.“连续几天在台灯下专注复习，遇到难题也不放弃，想尽办法解决，爸爸妈妈为你的这份坚持和毅力感动。”

765.“认真复习，把每一个历史事件的时间、背景、影响都记得清清楚楚，还能自己总结归纳，这种学习能力真让人刮目相看。”

766.“听同学妈妈说，你们在复习时，你主动和同学讨论问题，分享学习心得。这样积极交流的学习方式真不错，爸爸为你感到骄傲。”

767.“哇，你用不同颜色的笔标记了不同类型的知识点，这么用心，考试肯定能取得好成绩。”

768.“你在复习时能举一反三，灵活运用学过的知识，这种学习方法会让学习变得轻松。”

769. “你在复习科学知识时，自己动手做实验验证理论，这种实践精神和对知识的深度探索，真的很了不起！”

当孩子认真复习并取得好成绩时，可以这样夸：

770. “这次你凭借认真复习取得如此优异的成绩，这都是日日夜夜努力的成果，你真是超级学习小能手！”

771. “这次考试你名列前茅，这份荣耀当之无愧，你用实力证明了自己，真为你骄傲。”

772. “你通过认真复习取得了好成绩，每一分都凝聚着汗水和努力，你的付出得到了最好的回报，太棒啦！”

773. “老师说你考前认真复习，在这次考试中取得了巨大进步，成绩从原来的中游提升到了上游，这种飞跃式的进步，让爸妈看到了你的无限潜力。”

774. “看到了吗，只要认真复习，吃透每一个知识点，总能取得好成绩。继续保持这股学习热情。”

775. “通过认真复习，你不仅提高了成绩，还掌握了高效的学习方法，这双重收获会让你未来的学习更轻松。继续加油！”

当孩子能将复习当成习惯，长期坚持时，可以这样夸：

776. “宝贝，你长期坚持复习，严格执行计划，这份毅力和自律，爸妈佩服。以后什么挑战都难不倒你！”

777. “你持续复习，坚持完成计划，这种持之以恒的精神太可贵了，定能助力你学习进步。”

778.“哇，你一直坚持复习，完美落实计划，已经在学习赛道上领先啦！”

779.“孩子，你长期坚持复习，认真完成计划，这股坚韧劲儿，会让你在知识的海洋里乘风破浪。”

780.“你能长时间坚持复习，落实计划，足以证明你对学习的热爱与责任心。你是弟弟/妹妹学习的榜样。”

781.“你长期坚持复习，稳稳地执行计划，展现出超越年龄的耐心和定力，这会助你不断攀登高峰。”

782.“真为你骄傲，你长期坚持复习，完美地执行计划，这种行动力会让你在学习上不断突破。”

783.“你长期坚持复习，践行计划，这是自律和有毅力的体现。凭着这份坚持，你在自己感兴趣的领域一定能够出彩！”

不能自己完成作业？——鼓励孩子独立解决问题

情景展现

嘟嘟每天写作业时都想让爸爸陪着，遇到不会的问题也不愿意自己思考，而是习惯问爸爸。这一次爸爸决定不再帮助嘟嘟。

问题分析：过度依赖他人完成作业的危害

孩子若无法独立自主完成作业，总是寻求他人帮助，就难以真正理解知识。比如孩子做数学作业时若自己不思考，一味依赖他人讲解，那么下次遇到类似的题目仍会茫然。长此以往，不能扎实地掌握知识，就会导致漏洞越来越多。同时，缺乏独立思考的过程就难以锻炼思维能力。像写作文时，如果长期依赖范文，就难以形成自己独特的思维模式和表达能力。

过度依赖他人还会使孩子逐渐丧失自主学习的动力和信心，变得没有自律性和责任心，对待学习的态度也会愈发敷衍。一旦抄作业、抄答案会成为家常便饭，那么独立思考和自主学习的能力会越来越差。这种情况低年级时还不明显，但随着学业难度增加，孩子的成绩必然下滑，升学之路会面临阻碍。

教育思路：引导孩子独立思考，培养孩子的自主意识

· 解决孩子写作业要人陪的问题

一是逐步分离陪伴，家长先坐在离孩子稍远处做事，拉长与孩子的距离，再慢慢离开房间，让其适应无人近距离陪伴的学习环境。二是培养专注能力，营造安静整洁的学习环境，清理无关物品，设定合理的学习和休息时间，通过专注力训练小游戏提升孩子的专注度。三是建立自主意识，鼓励孩子自主制定作业计划，完成后给予肯定，增强自主意识和成就感，减少其对陪伴的依赖。

· 解决孩子写作业爱看答案的问题

一是要隔离答案。在孩子写作业前，家长先将答案收起来，避免孩

子轻易拿到。比如将练习册的答案页单独装订，放在孩子找不到的地方，只有在孩子完成作业后统一检查时才拿出来。二是要强化过程评价。关注孩子写作业的思考过程，即使答案错误，只要思路有可取之处，就及时给予肯定，让孩子重视思考过程而非单纯追求答案正确。

· 解决孩子遇到不会的作业只会向他人求助的问题

一是要设置思考时间。当孩子遇到不会的问题想要问时，家长先让孩子自己思考几分钟到几十分钟，在这段时间里，鼓励孩子在课本、笔记中寻找相关知识点，尝试自己解决。二是要引导思考方法。家长可以通过提问的方式引导孩子思考，而不是直接给答案。比如孩子遇到数学难题时，家长可以问“题目里给的这些条件，你觉得可以用到之前学过的哪个公式呢”，以此帮助孩子梳理思路，逐渐培养独立思考能力。

夸孩子金句实例

当孩子写作业不再要人陪时，可以这样夸赞：

784. “你今天自己一个人安安静静地完成作业，没有喊爸爸妈妈陪，有进步哦。”

785. “看你独自坐在书桌前认真写作业，这种表现太让我们惊喜啦！”

786. “主动要求自己写作业，不再让妈妈坐在旁边，这种自觉性必须点赞！”

787. “爸爸必须夸夸你，宝贝能够独立完成作业，不吵着要人陪，真棒！”

788.“宝贝，你独立写作业的专注劲儿，让学习效率都提高了不少！”

789.“不再寻求陪伴，这可是学习路上的一大进步，也是你长大的表现哦。”

790.“瞧你独立写作业的样子，你就是自律小标兵！”

791.“你写作业不再要人陪，已经迈出了自主学习的重要一步。”

792.“你在独自完成作业的过程中，展现出了强大的自我管理能力，太厉害啦！”

793.“你今天主动独立写作业，爸妈终于可以安心做自己的事情了，谢谢你宝贝。”

当孩子遇到不会的题不再轻易寻求他人帮助时，可以这样夸赞：

794.“遇到难题没有马上问别人，而是自己思考，你真的太有探索精神了。”

795.“这道题这么难，你没有求助他人，而是自己努力钻研，太棒了！”

796.“当你不再依赖别人解答难题，而是自己寻找答案，你就已经成功了一半。”

797.“不轻易向别人求助，自己攻克难题，一定很有成就感！”

798.“虽然你没有答对这道题，但是勇敢尝试了，这个过程很可贵！”

799.“面对不会的题，你选择自己思考，这种独立解决问题的态度真的很棒！”

800.“遇到困难能忍住不马上问别人，自己探索难题，你在学习上越来越主动了。”

801.“这道题你的思路非常正确，继续下去，你一定能掌握这类题的。”

802.“看到你给妹妹讲题，证明你已经学会了独立思考，妈妈很欣慰。”

803.“你能够凭借自己的努力解决问题，而不是依赖他人，这就是成长的表现。”

当孩子能够独立思考并完成作业时，可以这样夸赞：

804.“这份作业完全是你通过独立思考完成的，每一道题都展现出了你的智慧。”

805.“靠自己独立思考完成作业，你让我们看到了你的无限潜力。”

806.“通过独立思考完成作业，你的每一个答案都饱含着你的努力和智慧，太了不起了！”

807.“你能自己思考，独立完成作业，这样的学习能力真的让我们刮目相看。”

808.“宝贝，你独立思考并完成作业的过程，就是你不断进步的过程。”

809. “你能独立思考并完成作业，说明你已经掌握了学习的关键，继续加油。”

810. “能够凭借自己的思考完成所有作业，你真的很优秀！”

811. “这份作业因你的独立思考而格外精彩，你有这样的学习能力，真是太棒啦！”

812. “靠自己的思考独立完成作业，这是你努力学习的最好证明。”

813. “你通过独立思考完成作业，不仅学到了知识，还锻炼了自己，真为你高兴。”

814. “看你通过独立思考完美地完成作业，我们真的特别欣慰。”

815. “能够通过独立思考完成作业，你在学习的道路上会越走越稳的。”

816. “因为你的独立思考，这份作业完成得又快又好，你真厉害！”

817. “可以自己独立思考并完成作业，你已经成为了学习的主人，继续保持这股劲头。”

818. “凭借独立思考完成作业，你让我们看到了一个勇于挑战、积极向上的你。”

做事拖延？——夸孩子的行动力

情景展现

宁宁做事总喜欢往后拖，妈妈认为这个习惯非常不好，决定帮助宁宁做出改变。

问题分析：做事拖延会影响专注力

在学习方面，孩子做事拖延，会导致无法按时完成作业和学习任务，同时容易使孩子分心，难以集中注意力，长期下来会形成不良的学习习惯。在生活方面，拖延会使孩子无法合理安排时间，造成时间的浪费，降低生活的效率和生活质量。更严重的是，有的孩子可能会因为拖延行为的不良后果而产生自我怀疑和自责，陷入焦虑、抑郁等情绪，损害他们的心理健康。

教育思路：设定明确的目标，激发孩子的行动力

孩子做事拖延，往往源于对任务的恐惧、缺乏时间管理意识或缺乏即刻行动的动力。他们可能觉得任务过于庞大，难以入手，或是对完成任务后的结果缺乏期待，导致一拖再拖。这种拖延行为不仅影响孩子的日常生活和学习效率，还可能逐渐削弱他们的自信心和责任感。通过设定明确的目标，激发孩子的行动力，并适时给予正面反馈，就可以帮助孩子解决拖延的问题，并培养他们的自律性和执行力。

· 识别拖延现象，理解孩子心理

孩子做事拖延的现象多种多样，比如作业总是拖到最后一刻才写，日常琐事一拖再拖，甚至玩乐时间也会因为反复推迟而减少。这种拖延行为背后，往往隐藏着孩子对任务的畏惧、对失败的担忧或是对即时满足的追求。家长需要耐心观察，与孩子进行开放的沟通，了解他们拖延的具体原因和内心感受。通过理解孩子的心理，我们可以更有针对性地帮助他们解决拖延问题。

· 设定明确的目标，分解任务步骤

孩子做事没有明确的目标，就会感到茫然。这种情形下，早一点做和晚一点做在孩子看来毫无差别。所以想要克服拖延就需要家长与孩子一起制定具体、可衡量的目标，并将大任务分解为一系列小步骤，让孩子看到完成任务的清晰路径。这有助于减轻孩子的心理负担，让他们觉得任务终点不再那么遥不可及。同时，还可以鼓励孩子设定时间表，为每个小步骤分配时间，培养时间管理意识。通过逐步完成小目标，孩子将逐渐积累成就感，激发更大的行动力。

· 夸赞行动力，强化正面反馈

孩子付出努力之后，没有得到正面反馈，就会缺少成就感，因此，外在的激励必不可少。当孩子开始主动执行任务时，哪怕只是迈出一小步，家长也应该及时给予积极的反馈。这种正面激励能够增强孩子的自信心，让他们感受到行动带来的快乐和成就感。家长可以设立奖励机制，如完成一个小目标后给予小奖励，或是与孩子一起庆祝他们的进步。通过不断强化正面反馈，孩子将逐渐建立起对行动的积极期待，减少拖延行为。

· 激发内在动力，培养自律习惯

家长可以引导孩子思考完成任务后的好处，如提高学习效率、获得更多的自由时间等，让孩子看到行动的长远价值。家长还可以与孩子一起制定自律计划，如定期复习、坚持锻炼等，通过持续的实践，帮助孩子建立起自律的生活习惯。当孩子逐渐体验到自律带来的好处时，他们将会更加主动地克服拖延的毛病，享受即时行动带来的乐趣。

夸孩子金句实例

当孩子在短暂拖延后重新行动时，可以这样认可：

819. “虽然你犹豫了一会儿，但还是开始行动了。这很不错，继续加油哦。”

820. “宝贝，你虽然有点拖延，但最终还是克服了它，开始行动了。妈妈为你感到骄傲。”

821. “看到你最后还是决定开始行动，爸爸真的很开心。你的行动力正在慢慢增强呢。”

822. “虽然你有一点小小的犹豫，但最终还是勇敢地迈出了第一步，这本身就是一种胜利！”

823. “宝贝，你克服了内心的拖延，选择继续行动，这份勇气和决心真的很值得称赞。”

824. “看到你犹豫之后还能迅速调整状态，开始行动，妈妈觉得你真的很有潜力。”

825. “宝贝，你的犹豫只是暂时的，重要的是你最终还是开始了行动。”

826. “你开始行动了，这真是太棒了！你一定能按时完成任务。”

当孩子愿意开始行动时，可以这样鼓励：

827. “你终于迈出了行动的第一步，开始就是成功了一半，加油。”

828.“看到你这么积极地开始行动，真让人高兴，要继续保持这份热情哦！”

829.“宝贝，你的行动力真的很强，这么快就开始行动了。为你的果断点赞。”

830.“看到你愿意开始行动，妈妈觉得你真的很有决心和毅力。”

831.“你的行动力真的很强，这么快就开始行动了，相信你一定能够取得好成绩。”

832.“看到你愿意开始行动，爸爸真的觉得你在不断地超越自己。”

833.“真是太厉害了，你这次提前20分钟完成了任务。真是个小超人！”

834.“你这次的效率真高，妈妈发现你是个有毅力的孩子。”

835.“你真是个说到做到的孩子，说几点开始写作业，就几点开始。加油！”

当孩子按时完成任务时，可以这样夸赞：

836.“你真厉害，这次按时完成了任务。”

837.“看到你这么高效地完成了任务，妈妈真的为你感到骄傲。”

838.“宝贝，你这次真的做到了不拖延，你的行动力和自律性都很强。”

839.“真的太棒了，你不仅按时完成了任务，还做得这么好。”

840. “宝贝，你的时间管理能力真的很强，所以能够按时完成任务。”

841. “你真的很有责任感，能够按时完成任务，让人很放心。”

842. “你能够这么专注地完成任务，相信这份专心可以帮助你克服学习上的很多困难。”

843. “你这次的表现真的很出色，不仅按时完成了任务，还超出了爸爸的期望。”

844. “宝贝，你真的很有潜力，作业完成得又快又准。”

当孩子主动提出提前完成任务时，可以这样赞扬：

845. “孩子，你竟然主动提出要提前完成任务，你的主动性和积极性真的太强了。”

846. “看到你这么有决心和动力，妈妈都被你鼓舞到了。”

847. “你真的太棒了，能主动提出提前完成任务，真的很让人佩服。”

848. “宝贝，你的自律性和时间管理能力真的很强，能够主动提出提前完成任务真的很了不起。”

849. “看到你每次都能高效地完成任务，这次还主动提出提前完成，妈妈真的觉得你很优秀。”

第四章

夸人际交往，鼓励开拓社交圈

不喜欢分享？——夸孩子的慷慨大方

情景展现

牛牛是个不太喜欢分享的孩子，一次，牛牛因为不和小伙伴分享零食闹了点不愉快。老师发现了牛牛的问题，决定帮助他学会慷慨大方。

问题分析：不喜欢分享容易变孤僻

孩子不喜欢分享，会影响其社交关系和性格发展。在社交方面，不懂得分享会让孩子难以融入集体，其他小朋友可能会因为他小气而不愿和他一起玩耍。比如在幼儿园的游戏时间，不愿意分享玩具的孩子可能会被孤立，只能自己一个人玩。长期如此，孩子可能会变得孤僻、难以融入群体。在性格发展上，不分享会让孩子变得自私自利，只关注自己的需求，难以体会他人的感受。这不利于孩子形成善良、包容的性格，长大后可能在人际交往和团队合作中遇到更多的挫折。

教育思路：体验分享的快乐，肯定慷慨的品质

幼儿阶段的孩子正处于自我意识发展的高峰期，他们对物品的所有权有强烈的认知，认为“我的东西就是我的”，不愿意与他人分享。同时，家庭环境对孩子的影响也很大，如果家长平时没有做好分享的榜样，或者过度溺爱孩子，什么都优先满足孩子，会强化孩子以自我为中心的意识。在分享方面，家长和老师就需要做好引导，让孩子有分享意识并体会到分享的乐趣。

· 树立正确的物权意识

有时候孩子不愿意分享，是担心自己的玩具分享出去，就会变成别人的玩具，自己什么都没有了。所以家长应该在孩子明确物品所有权的基础上，帮助他们理解分享并不意味着失去。可以和孩子玩角色扮演游戏，比如模拟商店买卖，让孩子在游戏中明白物品的交换和分享概念。当孩子懂得玩具是自己的，即便暂时借给别的小朋友玩，最终还是会回到自己

身边，在分享的过程中还可以收获快乐和友谊，他们自然更容易接受分享这件事。

· 正确引导，培养同理心

孩子如果只顾及自己的感受，不为对方着想，就体验不到分享的乐趣。平时家长可以通过讲故事、看绘本等方式，引导孩子理解他人的感受。让孩子明白别人没有东西时的失落，以及分享能给别人带来温暖。当孩子不愿意分享时，问问孩子“如果你是那个没有被分享到的小朋友，你会开心吗？”引导孩子站在他人的角度思考问题，培养同理心。

· 鼓励孩子体验分享的快乐

孩子们如果缺乏分享机会，也就无法真正体验到分享带来的快乐和成就感。无论在家庭还是学校中，都可以定期设立分享日，让孩子们互相分享图书、玩具等。家长要创造机会让孩子体验分享，如邀请小朋友到家里来玩，准备一些小零食或玩具，鼓励孩子分给小伙伴。当孩子和朋友们分享后，要及时给予肯定和表扬，让孩子感受到分享带来的积极反馈。

· 家长做好分享榜样

家庭环境对孩子的影响深远，如果家长在日常生活中缺乏分享行为，孩子很难学会分享。

因此，在日常生活中家长要做好分享的示范。比如，家里有好吃的，主动分给老人和其他家庭成员，并表现出分享的快乐。和邻居相处时，互相分享一些美食和小礼物等。孩子看到家长的行为，会在潜移默化中受到影响。

夸孩子金句实例

当孩子认识到自己不喜欢分享的问题时，这样肯定他/她：

850.“你能意识到自己不太愿意分享这个问题，真的很了不起，这是改变的第一步。”

851.“你很聪明呀，这么快就发现了自己在分享方面的不足，妈妈相信你可以做得更好。”

852.“很高兴看到你对自己的行为有了思考，这在成长中非常重要。”

853.“你的观察力真敏锐，察觉到自己不喜欢分享，接下来我们一起努力，你肯定能学会分享的。”

854.“能认识到不分享不好，说明你在用心对待和小伙伴的关系，真的很不错。”

855.“宝贝，你能正视自己在分享上的问题，已经比很多小朋友都厉害了。”

856.“你对自己要求很高，不满足于现在的表现，这会让你越来越优秀哦。”

857.“看到你对自己的行为有所反思，爸爸特别欣慰，相信你能做出改变。”

858.“你真是个有想法的孩子，知道不分享可能会影响友谊，能意识到这点太赞了！”

当孩子决心尝试分享时，可以这样引导他 / 她：

859. “你真是个有勇气的孩子，决定尝试去分享，这太棒了！”

860. “看到你愿意迈出分享的第一步，妈妈为你骄傲，你一定会收获很多。”

861. “你真有决心，我相信你一定能改掉不喜欢分享的习惯。”

862. “能勇敢地面对自己的不足，还决定去改变，你的勇气值得表扬。”

863. “宝贝，你能下定决心改变，说明你在不断成长，爸爸看好你。”

864. “看到你这么有决心，分享对你来说肯定不是难事，加油哦。”

865. “你能勇敢地挑战自己的缺点，真的是个非常棒的孩子，继续加油。”

当孩子成功分享一次时，可以这样鼓励他 / 她：

866. “你这次分享做得太好了，真是个慷慨大方的孩子。”

867. “看到你开心地把东西分享给小伙伴，我特别欣慰，你真的很棒！”

868. “聪明的你知道分享能带来快乐，这次做得非常出色。”

869. “你看，你分享的样子多可爱，小伙伴们都更喜欢你了，继续保持哦。”

870.“能成功地分享，说明你已经理解分享的意义了，真的很值得肯定。”

871.“你这次分享的举动，让大家都感受到了你的慷慨，为你点赞！”

当孩子养成慷慨大方的习惯时，可以这样赞扬他 / 她：

872.“恭喜你呀，孩子，养成了慷慨大方的好习惯，这会让你拥有很多好朋友。”

873.“看到你连玩具都愿意分享，你的大方真的很感染人。”

874.“慷慨大方是非常宝贵的品质，孩子，你做得太出色了。”

875.“宝贝，恭喜你，拥有了慷慨大方的品质。”

876.“有了大方分享的习惯，你能更好地和大家相处了。”

877.“你能养成这样的好习惯，说明你在用心对待身边的人。”

878.“慷慨的人，相信朋友也不会对你吝啬，孩子，你会有越来越多的朋友。”

879.“孩子，慷慨大方是很重要的品质，你的慷慨大方会让你成长为更耀眼的人。”

不会表达需求？——鼓励孩子说出自己的想法

情景展现

小美是个性格内向的孩子，在学校里，她总是不敢说出自己的想法和需求。老师察觉到了小美的问题，决定帮助她学会勇敢地表达自己。

问题分析：不会表达需求对心理健康的损害

孩子如果不会表达需求，在学习方面遇到不懂的问题不敢向老师或同学请教，知识漏洞会越来越多，导致学习成绩难以提高。在生活中，不敢表达自己的想法和需求，会让别人难以了解自己，不利于建立良好的人际关系。如果孩子一味隐藏自己想法，除了性格会变得孤僻之外，还可能因为长期压抑自己的需求，导致孩子产生自卑、焦虑等负面情绪，对心理健康造成损害。

教育思路：通过鼓励让孩子学会表达需求

从孩子自身性格来看，内向的孩子往往比较敏感，害怕自己的表达不被认可，或者因为担心会给别人带来麻烦，所以选择沉默。从成长环境来说，如果在家庭或学校中，孩子表达需求后经常被忽视、批评或嘲笑，会让他们逐渐失去表达的勇气。为了帮助孩子学会勇敢地表达需求，可以从以下几点来加强引导。

· 营造安全的表达氛围

孩子不敢表达自己的想法，有时候是担心自己的需求讲出来后被拒绝、批评、嘲笑。没有宽松、包容的环境，孩子就无法放松地表达自己。在家里，家长要认真倾听孩子的每一句话，给予积极的回应，即使不同意孩子的观点，也要尊重他们的表达。在学校，老师可以组织一些小组讨论活动，鼓励每个孩子都参与发言，对孩子的表达给予肯定和鼓励，让孩子感受到自己的表达是被认可和欢迎的。

· 鼓励微小的表达尝试

孩子开始表达自己时，如果没有得到回应，或没有人给予认可，内心敏感的孩子可能像含羞草一样，稍微展开一点，又立刻缩了回去。所以，当孩子开始有尝试表达的意向，哪怕只是一个小小的举动，比如欲言又止时，家长和老师都要敏锐地捕捉到并给予鼓励。这种及时的鼓励能让孩子感受到自己的想法被重视，激发他们进一步表达的勇气。

· 鼓励孩子努力表达的过程

孩子刚开始尝试表达自己，总会遇到一些困难，这一阶段如果受到打击，就很难再次鼓起勇气表达自己。所以在孩子努力表达的过程中，一定要给予他适当的鼓励。让孩子知道父母或老师理解他们在迎接挑战，同时也看到了他们的努力，这样孩子会更有信心克服表达中的障碍，勇敢地把想法展示出来。

· 强化表达习惯的养成

习惯也是一种品质，当孩子把表达习惯根植于生活和学习中时，也就不会再觉得表达是一件困难的事情。当孩子逐渐主动表达自己的需求和想法时，家长和老师要在孩子表达后给予有针对性的表扬和建议，帮助孩子不断提升表达能力，巩固表达习惯。通过对表达进行持续积极的反馈和强化，可以让孩子将表达内化为一种能力和素养，使孩子在未来的学习、生活和社交中都能自信地表达自己，展现自我。

夸孩子金句实例

当孩子开始有表达的意向时，可以这样鼓励他 / 她：

880.“宝贝，我发现你刚才好像有话要说，不管是什么，都可以大胆地告诉妈妈。”

881.“我看出你有表达的想法了，不要犹豫，勇敢地说出来。”

882.“看到你欲言又止的样子，我知道你心里有想法，孩子，说出来吧。”

883.“你今天似乎有什么想和老师分享，老师很乐意听你说哦，大胆一点。”

884.“宝贝，你开始有表达的欲望了，这是个很好的开始，继续加油，把你的想法说出来。”

885.“我注意到你好像想表达自己的观点，勇敢地迈出这一步，你会发现表达其实很有趣。”

886.“看到你在努力组织语言想表达，这种尝试很了不起，说出来吧，我们都在听。”

887.“你开始尝试表达自己的内心了，这会让大家更了解你，大胆一些。”

888.“我感觉到你好像有话憋在心里，说出来吧，我们都很关心你的想法。”

当孩子在表达方面有具体的良好表现时，可以这样肯定他／她：

889. “你今天在课堂上不但主动举手发言，声音还很洪亮，你的勇气让老师很惊喜。”

890. “你和小伙伴交流的时候，清楚地说出了自己的想法，你的表达能力越来越强了。”

891. “你刚才向老师提出的问题很好，这说明你在认真思考，而且能勇敢地表达出来，太棒了！”

892. “你向妈妈表达自己想要参加活动的想法，很清晰也很勇敢，妈妈支持你。”

893. “你和小朋友聊天时，能把自己的感受说出来，你做得非常好。”

894. “你今天和同学分享自己的爱好时，说得很生动，让大家都感受到了你的热情。”

895. “你在讨论中表达自己的创意，很有想法，大家都很欣赏你。”

当孩子在表达过程中付出努力时，可以这样称赞他／她：

896. “宝贝，我知道表达自己的想法有时候会很紧张，你已经很棒了。”

897. “我看到你在努力克服表达时的害羞，坚持说完了，这就是进步。”

898. “你今天表达自己观点的时候，一开始有点不自信，但后来越来越流利了，真为你开心。”

899. “我知道表达不是一件容易的事，但你一直在努力尝试，你真的很了不起。”

900. “在表达自己的观点时，即使面对不同意见也能坚持表达，孩子，你的这种勇气让我佩服。”

901. “宝贝，你在努力让自己的表达更清晰，这种积极的态度真棒。”

902. “你在表达过程中遇到困难也没有退缩，迎难而上的决心让我对你刮目相看。”

当孩子养成表达需求的习惯时，可以这样夸奖他 / 她：

903. “宝贝，你最近能经常勇敢地表达自己的想法和需求，你真的越来越优秀了。”

904. “你已经养成了表达需求的好习惯，无论是学习还是生活中，你都是个非常棒的孩子。”

905. “看到你一直保持着表达自己的习惯，老师特别欣慰！”

906. “你表达需求的习惯让你在学习上进步很大，遇到问题能及时解决，优秀！”

907. “宝贝，你养成了表达自己的习惯，现在是一个自信、有想法的孩子。”

908. “你现在无论在什么场合都能勇敢地表达自己，这种自信和勇气就是你成长的底气。”

不会倾听？——夸孩子认真倾听的具体行为

情景展现

悠悠是个不会倾听的孩子，经常打断别人的话。一次，她因为没有认真听别人讲话而闹了不愉快，于是妈妈决定帮她学会认真倾听。

问题分析：不会倾听会影响社交能力

孩子不会倾听，首先会影响到学习效果，因为在课堂上无法有效接收和理解老师传达的信息。其次，缺乏倾听能力会阻碍孩子的人际交往，他们可能难以理解和尊重他人的观点，导致友谊受损。此外，不会倾听还可能让孩子错过很多重要的信息和机会，如家庭中的温馨分享、朋友间的有趣交流等。别人可能会因为感到不被重视而疏远他 / 她，长期下去，孩子可能会被孤立，社交能力也会变差。

教育思路：创设倾听机会，夸奖倾听行为

从孩子自身发展来看，他们的注意力集中时间较短，好奇心强，容易被周围的事物吸引分散注意力，难以长时间专注于他人的讲话。有的孩子自我表现欲较强，急于表达自己的想法，忽略了倾听他人。从外部环境因素来说，家庭中如果父母经常打断孩子说话，或者孩子生活在一个嘈杂、缺乏安静交流氛围的环境中，也不利于孩子倾听习惯的养成。为了帮助孩子学会认真倾听，可以从以下几个方面进行引导，同时，要夸奖孩子的具体行为。

· 关注倾听的初始表现

孩子没有倾听意识和行为，与家长的示范和引导有很大关系，所以当孩子开始有尝试倾听的意向，哪怕只是比平时稍微安静了一点，听别人说话的时间稍微长了一点，都要及时给予夸奖。这种及时的肯定能让孩子意识到自己的行为被关注和认可，激发他们继续保持倾听的动力。

· 认可倾听过程中的努力

不喜欢倾听，没耐心听完别人的讲话，对于缺乏耐心的孩子而言，安静地听完别人的一段讲话可能存在困难。所以当孩子抱怨倾听很难，或在倾听过程中出现注意力不集中但又努力调整回来的表现时，更要认可他们的努力。让孩子知道父母理解他们面临的困难，同时也看到了他们的努力，孩子会更有信心克服倾听过程中遇到的困难。

· 创设倾听的机会

平时在家庭生活中，家长都是以孩子为中心，可能孩子没有太多倾听别人说话的机会和环境。家长要为孩子创设各种倾听机会，让孩子在实际情境中练习倾听。比如，安排一场家庭会议，让家人轮流发言，给孩子一个成为倾听者的机会。另外，提倡在学校里组织小组讨论，鼓励孩子先听后说。通过这些活动，孩子就可以逐渐形成等待别人说完再表达自己观点的习惯。

· 针对倾听的具体行为进行夸奖

家长如果不能精确夸奖孩子的倾听行为，孩子的倾听能力就不能得到正向引导。所以，随着孩子倾听行为的改善，夸奖要更加具体。当孩子在课堂上认真听老师讲课，并且能够准确回答老师基于讲解内容提出的问题时，就要针对认真听讲给予肯定；如果孩子在和小伙伴交流时，能耐心听完对方的想法，然后再有条理地表达自己的观点，就要夸奖孩子能耐心听别人的表达，然后进行有效沟通。这样就可以通过具体的夸奖，让孩子明白什么样的倾听行为是正确和值得称赞的。

夸孩子金句实例

当孩子开始有倾听的意向时，可以这样表扬他/她：

909.“宝贝，我发现你刚才听老师说话的时候很专注，虽然只有一小会儿，但这是个很棒的开始。”

910.“哇，你开始试着听小伙伴讲话了，没有马上打断，这进步可不小，继续加油哦。”

911.“看到你努力听别人说话，爸爸特别开心，你已经迈出了很好的一步。”

912.“你今天听故事的时候比以前安静了，这说明你在认真倾听呢。”

913.“宝贝，你开始懂得听别人把话说完了，这是有礼貌的表现，妈妈为你点赞！”

914.“你刚才听同学发言时，眼睛一直看着他，这就是认真倾听的好习惯。”

915.“我注意到你在努力控制自己，不去打断别人，这种自我约束的能力很了不起！”

916.“看到你认真听老师讲课的样子，妈妈相信你一定能学到很多新知识，加油！”

917.“宝贝，你今天听别人说话时的态度很认真，这是一个很大的进步。”

当孩子在倾听方面有具体的良好表现时，可以这样夸赞他/她：

918. “你今天上课不仅认真听老师讲课，还积极回答问题，答案都很准确，说明你听得非常仔细，太厉害了！”

919. “你和小伙伴交流的时候，能耐心听完他的话，然后再发表自己的意见，这种交流方式特别好！”

920. “你刚才听故事的时候，能记住很多细节，还能复述出来，这都是认真倾听的功劳。”

921. “在小组讨论中，你能认真倾听每个同学的发言，还能提出有价值的建议，你的倾听和思考能力都很强哦。”

922. “你听老师讲题的时候，能跟着老师的思路走，并且提出自己的疑问，这说明你真的在认真倾听，认真思考。”

923. “你今天听同学分享经历时很专注，还能给予回应，这让对方感受到了尊重。”

924. “在课堂上，你能认真倾听老师的讲解，并且做好笔记，这种学习态度会让你越来越优秀的。”

925. “你和小朋友聊天时，能专注地听他讲，还能一起讨论，你们的交流很愉快，这都得益于你的认真倾听！”

926. “你在听故事的时候，能适时提出一些很有趣的问题，这说明你不仅在认真听，还在认真动脑思考。”

当孩子在倾听过程中付出努力时，可以这样肯定他/她：

927. “孩子，我知道一直认真听很难，虽然你有时候会分心，但每次都能努力调整回来，这种坚持的精神太可贵了。”

928.“我看到你在努力克服自己爱打断别人的习惯，虽然还是有点难，但你一直在进步。”

929.“你今天听别人说话的时候，虽然一开始有点不耐烦，但后来还是耐心听完了，这就是很大的进步。”

930.“我知道倾听不是一件容易的事，但你一直在努力尝试，这种不怕困难的态度值得表扬。”

931.“我看到你在听故事的时候，努力记住每个细节，这种认真的态度会让你收获很多知识的。”

932.“你在倾听过程中遇到困难没有放弃，而是努力克服，这种迎难而上的精神值得肯定。”

当孩子养成认真倾听的习惯时，可以这样鼓励他 / 她：

933.“宝贝，你最近在课堂上和同学们交流时都能认真倾听，这种良好的习惯会让你受益终身。”

934.“你已经养成了认真倾听的好习惯，无论是在学习还是生活中，这都会给你带来很多帮助。”

935.“看到你一直保持着认真倾听的好习惯，爸爸特别欣慰。”

936.“宝贝，你养成了认真倾听的习惯，这说明你是一个懂得尊重他人的好孩子，大家都会欣赏你的。”

937.“你现在无论在什么场合都能认真倾听，这种自律和专注的品质很了不起。”

938.“看到你因为认真倾听而不断进步，妈妈为你感到骄傲，希望你能一直保持这个好习惯，不断成长。”

939.“你已经把认真倾听变成了自己的习惯，这非常难得，相信你在其他方面也能做得同样出色。”

朋友很少？——夸孩子主动结交新朋友的勇气

情景展现

小乐班上新来了一位同学，叫小雨，因为中途插班，小雨没有朋友。小乐想到老师经常教育他们，要勇敢结交新朋友，于是决定主动找小雨一起玩游戏。

问题分析：孩子没有朋友的影响

孩子不愿主动结交新朋友将对其成长产生许多负面影响。一是难以养成与同伴的沟通、交流、协作能力，遇到冲突时也缺乏解决的技巧，没有团队适应力。二是孩子长期缺乏与同龄人的互动，会形成“不被接纳”的自我认知，可能会越来越害怕与人交往，形成恶性循环。三是社交能力发展受限，会导致孩子内心产生孤独感，难以自主调节情绪，长此以往可能会引发焦虑、抑郁倾向。最重要的一点是，不结交朋友的孤立状态更易成为校园欺凌目标，可能会造成更严重的后果。

教育思路：同时注重心理建设与技巧训练

· 构建家庭安全感与自信心，让孩子学会自信

孩子不愿意社交，可能是内心没有足够的安全感，不够自信。家长可以先通过家庭的力量，帮助孩子内心强大起来，建立足够的安全感和自信心。家长可以在每天放学回家的路上，与孩子交流当日在学校发生的事情，强化孩子的表达欲，哪怕他们分享的只是日常琐碎的小事，家长也要认真倾听并给予积极反馈，让孩子建立“被重视”的心理基础。同时要注意，正向积极的反馈不能是敷衍的夸赞，而是要表扬孩子的具体行为（如主动打招呼、分享玩具），帮助孩子形成“我能被接纳”的积极自我认知。

· 模拟训练与榜样示范，让孩子学会技巧

有些孩子不愿意社交，可能是因为不会社交，不知道怎么交朋友。这时候，家长可以利用绘本、动画或角色扮演等形式，模拟加入游戏、处理冲突等场景，反复练习开放式话术（如“我能和你一起玩吗？”）。还

可以让孩子参与到家长的社交活动中，爸爸妈妈主动展示热情待客、礼貌沟通等社交行为，让孩子观察并模仿，学会如何邀请朋友、如何倾听与回应朋友的话语。

· 阶梯式拓展社交场景，让孩子学会社交

当孩子心理建设充分，且熟悉社交技巧后，家长可以帮孩子安排小范围的社交活动，比如邀请亲戚或邻居的孩子到家中玩耍，等孩子适应后再逐步过渡到兴趣班、社区活动等陌生群体，降低社交压力。最终能让孩子学会在日常生活的各类场景中，从容地与陌生人对话交流。例如在超市购物、公园游玩时引导孩子询问同龄人游戏规则或请求他人帮助等，将社交融入生活。

夸孩子金句实例

当孩子愿意主动打招呼时，应该这样称赞：

940.“今天看到你主动向新同学挥手说‘你好’，声音响亮又自然，这种勇气真让我骄傲。”

941.“邻居妈妈说，你今天主动邀请妹妹一起玩，这种主动邀请的做法就是友谊的开始。”

942.“你记得张阿姨家哥哥的名字，还主动和他打了招呼，宝贝你真有礼貌。”

943.“在游乐场遇到陌生小朋友，你能大方地自我介绍，做得很棒！”

944.“今天你主动帮摔倒的小朋友捡帽子，还安慰他不要哭，爸爸看了很欣慰。”

945.“看到你站在滑梯旁对小明说‘你滑得真快’，这种真诚的夸奖会让人更愿意接近你。”

946.“因为你今天主动跟老师问好，还帮他发作业本，所以老师夸你很热情，妈妈也这么觉得。”

947.“你注意到新朋友在角落不说话，于是主动走过去陪他玩，这份体贴妈妈佩服。”

948.“现在你见到熟人会主动挥手打招呼，再也不用妈妈提醒了，你真的长大了。”

当孩子愿意和其他人分享时，应该这样鼓励：

949.“你主动把最爱的变形金刚借给小林，真是个愿意分享的好孩子。”

950.“看到你拿出三盒蜡笔分给画画小组的其他同学，妈妈为你点赞！”

951.“看到小美盯着你的芭比娃娃，你主动让她一起玩，这种慷慨让人感动。”

952.“你把自己拼好的乐高拆开，教阳阳怎么搭城堡，分享智慧比分享物品更珍贵。”

953.“今天你让弟弟先玩新买的泡泡机，越来越懂得谦让了，爸爸很开心。”

954.“你特意留了半盒饼干给妹妹，懂得分享的孩子会有越来越多的好朋友哦。”

955.“分享滑板车时你还提醒同学‘抓紧扶手慢慢来’，孩子，你做得很好。”

956.“今天和朋友一起看绘本很开心吧，这就是友谊的魔法，以后继续保持哦。”

当孩子愿意主动加入别人时，应该这样加油：

957.“你主动询问体育委员‘能教我怎么跳花绳吗’，这种虚心学习的态度会让你交到更多朋友哦。”

958.“看到他们在堆沙堡，你拿出了贝壳装饰，能够在团队中贡献创意，你真聪明！”

959.“你站在足球场边大声问‘我能当守门员吗’，抓住机会争取参与的样子太勇敢了。”

960.“刚才你加入捉迷藏时提议‘加个安全区规则’，这种主动完善游戏规则的做法很有主见。”

961.“今天你和邻居豆豆一起完成了100块的拼图，恭喜你学会了与朋友合作解决问题。”

962.“看到别人玩桌游卡关，你敢于主动加入他们，孩子你越来越勇敢啦。”

963.“老师说体育课上你组织同学们一起踢足球了，这种领导才能让你闪闪发光。”

964.“你观察五分钟才加入丢手绢的游戏，这种谨慎又勇敢的尝试就是社交智慧。”

当孩子愿意和家人分享朋友间的趣事时，应该这样肯定：

965.“听你描述和小凯发明太空语言的过程，这种创造力让妈妈都想去你们的星球看看。”

966.“你说妞妞教你折会跳的青蛙，妈妈也很感兴趣，可以教我一下吗？”

967.“小宝，你今天讲述运动会见闻时眼睛都在发光，和同学们一起比赛一定很快乐吧。”

968.“你跟爸爸妈妈分享小团体的秘密，说明你很信任我们，我们也会帮你保守秘密哦。”

969.“你把朋友西西的神态学得惟妙惟肖，你的观察能力越来越强了。”

970.“刚才你还原和乐乐吵架又和好的过程，妈妈很欣慰，能反思并解决冲突就是情商高的表现。”

不会拒绝？——支持孩子维护利益的行动

情景展现

小红是一个乖巧的小女孩，性格柔弱不懂拒绝，爸爸总是教育她要勇敢拒绝不合理的要求，这一次她决定对朋友说“不”。

问题分析：不懂得拒绝的危害

缺乏拒绝能力的孩子容易过度顺从，这会让他们在人际交往中陷入被动妥协的困境，如被迫分享个人物品或参与危险游戏等；在面对陌生人、他人的不合理要求时他们往往缺乏自我保护意识，显著增加孩子受到伤害的风险。因为不会拒绝，他们只能长期压抑自己的真实需求，可能导致自我价值感扭曲，甚至形成讨好型人格。更值得警惕的是，隐忍行为还会引发情绪内耗，为维系表面和谐而违心迁就，逐渐丧失自主决策能力，这种特质在青春期可能演变为被迫参与不良行为的潜在诱因。

教育思路：增强孩子的自信心，鼓励孩子勇敢说“不”

家长要支持孩子维护自身利益的行动，帮助他们建立拒绝的勇气，例如用“我现在不想”替代直接对抗，同时避免将拒绝行为贴上自私的标签，肯定孩子表达真实需求的成长意义。

· 通过场景练习，学会说“不”

家长可以和孩子一起模拟日常生活中的场景，比如同学借玩具或朋友邀请参加不喜欢的活动。在这些模拟中，家长扮演提出要求的一方，鼓励孩子用礼貌但坚定的语气拒绝不合理要求，并解释原因。当孩子在现实生活中尝试拒绝时，家长要给予积极的肯定和支持，帮助他分析情况，找到合适的处理方式。这种方式不仅能让孩子学会如何拒绝他人，还能让他感受到家长的支持，从而更有信心维护自己的权益。

· 培养独立思考能力，增强自信心

家长可以在日常生活中多鼓励孩子表达自己的意见和感受，即使与家

长的想法不同也要勇敢地说出来。例如，在选择课外活动时，让孩子自己做决定，并尊重他的选择。当孩子面临选择时，家长可以引导他分析不同选项的利弊，帮助他做出更理性的判断。如果孩子因为坚持自己的选择而受到质疑或压力，家长要坚定地站在孩子一边，支持他维护自己的权益。这种方式能让孩子学会独立思考，并在面对外界压力时更加自信和坚定。

· 亲子间多沟通，一起勇敢地拒绝

家长在日常生活中也要学会拒绝，比如拒绝不合理的要求或不喜欢的活动，让孩子看到拒绝是正常且必要的。家长可以和孩子分享自己拒绝别人的经历，以及如何得体地说“不”，让孩子明白拒绝并不意味着伤害别人，而是尊重自己的感受。家长可以和孩子分享自己维护权益时（如拒绝加班或不合理的收费）的做法和感受，让孩子学习如何勇敢地维护自己的权益。通过家长的示范和分享，可以帮助孩子学会拒绝并理解维护权益的重要性。

夸孩子金句实例

当孩子拒绝同学的不合理请求时，家长应该这样支持：

971. “你能坚持自己的想法不妥协，说明你很清楚自己的边界在哪里，这很了不起。”

972. “拒绝不是冷漠，而是对自己和他人负责，你做得很好。”

973.“你不需要为了讨好别人而委屈自己，妈妈永远支持你的决定。”

974.“说‘不’需要勇气，但你的坚定会让别人更尊重你。”

975.“你的时间和精力很宝贵，留给值得的人和事吧。”

976.“面对小强想拿走你橡皮这样不合理的要求，拒绝是在守护自己的底线，你做得很好。”

977.“当你觉得不舒服时，马上拒绝就是最正确的选择。”

978.“你不需要为别人的情绪负责，先照顾好自己的感受最重要。”

979.“你知道爬树很危险，拒绝了小伙伴的邀请，爸爸很欣慰。”

980.“你今天拒绝小红时礼貌又坚定，这是高情商的表现。”

981.“拒绝别人不是自私，而是保护自己的能量。”

982.“你不需要事事完美，学会拒绝才能活得自在。”

当孩子维护自己的权益时，应该这样肯定：

983.“看到你勇敢说出‘这是我的东西’，妈妈为你骄傲。”

984.“你的身体和物品都属于你，你有权拒绝别人触碰你的身体，使用你的物品。”

985.“你捍卫自己权益的样子，像个小战士一样闪闪发光。”

986.“感到被冒犯时立刻表达出来，这是对自己最大的尊重。”

987.“你的发声很重要，敢于表达才能赢得公平。”

988.“你教会了同学如何礼貌地对待你，这样的坚持非常可贵。”

989.“当你说‘请先问问我’，就是在建立健康的社交规则。”

990.“拒绝和同学分享零食不代表小气，你有权守护自己喜爱的东西。”

991.“看到你主动要回被拿走的玩具，这说明你懂得爱自己。”

992.“真正的善良必须带点锋芒，妈妈永远支持你。”

993.“面对高年级同学的奚落，你的勇敢反抗，是在为所有被欺负的孩子树立榜样。”

当孩子不受他人影响，独立进行抉择时，应该这样表扬：

994.“你没有被别人的意见左右，这说明你有独立思考的能力！”

995.“你的选择可能和别人不同，但妈妈欣赏你的独特判断。”

996.“坚持自己的决定需要勇气，但你做到了，这就是成长。”

997.“你教会了妈妈，真正的自信不需要靠迎合他人获得。”

998.“今天你没有和朋友一起去游乐场，而是主动选择在家练书法，这种主见和定力让人钦佩。”

999.“你的独立思考，比盲目跟随更值得骄傲。”

1000. “你没有被‘别人都这样’绑架，这份清醒非常难得。”

1001. “你的决定可能不完美，但敢于承担后果就是成熟的表现，爸妈会为你兜底的。”

1002. “看到你按照自己的节奏做事，妈妈知道你找到了内心的力量。”

1003. “你证明了做自己不需要所有人的认可，只需要尊重自己。”

1004. “期末复习时你果断拒绝了同学一起学习的邀请，没有被外界的压力打乱脚步，这种定力让人佩服。”

1005. “你的选择也许小众，但妈妈永远支持你活出真实的自己。”

总是独来独往？——夸孩子在集体中的合作精神

情景展现

在同学们眼中，小北是一个“独行侠”，无论是体育课还是实验课，只要是集体活动，他都不愿意参加。小北也不明白，为什么自己总是不喜欢和大家在一起。

问题分析：缺乏合作精神，限制孩子发展

孩子经常独来独往，习惯做什么事都一个人，看似很独立，但在上学期间这样的“独立精神”往往是因为孩子没有集体意识，缺乏合作精神。这样的状态并不利于孩子身心健康发展。孩子过度自我中心化会削弱他们的同理心与换位思考能力，导致在集体活动中频繁出现争抢资源、拒绝妥协等行为，不仅影响和周围同学的关系，还容易引发被群体排斥的现象。从长远发展来看，缺乏团队协作经验的孩子在学业小组任务或未来职场合作中，往往因无法有效整合他人观点而错失成长机会，其认知边界与创新能力亦会受到显著限制。

教育思路：适度放手，社交引导，尊重个性

家长在孩子的日常教育中应该警惕过度保护或溺爱对孩子造成的副作用，一旦孩子的心理形成个人舒适圈依赖，就很难打破舒适圈去适应社会。

· 参与团体活动，鼓励主动社交

家长可以鼓励孩子参与需要团队合作的游戏或活动，比如体育运动、桌游或合唱，让孩子在游戏中学习如何与他人沟通、分工合作以及解决冲突，养成合作精神。在这个过程中家长可以适时教孩子如何加入别人的游戏、处理与同伴的矛盾，帮助孩子掌握社交技巧。

· 警惕过度保护和过度溺爱

过度保护会限制孩子的社交机会，阻碍他们学习独立解决问题和与他人相处的能力，因此家长应鼓励孩子尝试新事物，广交朋友，即使遇到

挫折也要让他们从中学习和成长。过度溺爱则容易让孩子以自我为中心，缺乏同理心和合作意识，家长应设定合理的规则和界限，帮助孩子学会尊重他人并理解他人的感受。

· 尊重个性，避免揠苗助长

每个孩子都有自己的性格特点，有些孩子天生内向，不喜欢热闹的环境，并不是不会社交。家长应尊重他们的个性，而不是强迫他们参加不喜欢的社交活动。但如果孩子长期独来独往，并且伴有情绪低落、焦虑等症状，家长可以考虑寻求心理咨询师或儿童心理医生的帮助，以便更好地理解孩子的需求并提供有针对性的支持。

夸孩子金句实例

当孩子愿意参加校园社团时，应该这样支持：

1006.“看到你主动报名合唱团，妈妈特别开心。你愿意尝试新事物，还能和同学一起唱歌，这是很棒的成长机会。”

1007.“你加入篮球队后每天都认真训练，爸爸注意到你学会了和队友配合传球，这就是团队合作的力量。”

1008.“上周社团活动时，你帮新同学整理乐谱，老师都夸你细心。这种乐于助人的态度会让你交到更多朋友。”

1009.“你为辩论赛准备了那么多资料，还主动和队友讨论分工，这种积极参与的态度让我特别骄傲。”

1010.“虽然你第一次上台表演有点紧张，但你能坚持和同学们一起完成话剧，这就是勇敢的表现。”

1011. “你在科学社团里提出用废品做实验材料，既环保又有创意，说明你懂得为集体出谋划策。”

1012. “听说你在社团里主动教同学画海报，妈妈觉得你不仅有能力，还愿意分享，这才是真正的团队精神。”

1013. “你为校园义卖设计了宣传单，连班主任都夸你用心。你的努力让整个活动更顺利，真了不起！”

1014. “看到你和社团同学一起策划运动会入场式，爸爸发现你越来越懂得倾听别人的意见了。”

1015. “你加入文学社后写的诗被贴在班级墙上，说明你的才华被大家认可，要继续加油。”

1016. “昨天你回家说社团活动需要大家轮流值日，你能遵守规则并认真打扫，这就是有责任感的体现。”

1017. “你为了社团的环保项目，周末还去图书馆查资料，这种为集体目标努力的样子特别酷！”

当孩子愿意参加校外集体活动时，应该这样支持：

1018. “你报名夏令营时主动选择和小伙伴住一个房间，这说明你愿意融入集体，妈妈支持你的决定。”

1019. “上次社区义卖会上，你帮小伙伴布置摊位、招呼客人，爸爸觉得你特别有责任感。”

1020. “你在少年宫机器人比赛中主动分担编程任务，最后团队拿了奖，你的贡献功不可没。”

1021. “听说徒步活动里虽然你自己也很渴，但还是把自己的水分给队友，这种照顾他人的精神值得表扬。”

1022. “你参加环保活动时主动清理别人丢的垃圾，虽然累但没抱怨，这就是为集体付出的榜样。”

1023. “参观博物馆时，你帮老师维持队伍秩序，连导游阿姨都夸你懂事，妈妈为你骄傲！”

1024. “你在围棋比赛里输了棋，但还笑着恭喜对手，这种尊重比赛的态度比输赢更重要。”

1025. “看到你在农场劳动时教小弟弟挖土豆，爸爸发现你既有耐心又懂得分享经验。”

1026. “你为社区演出排练到很晚，回家后还兴奋地讲团队配合多有趣，这种热情真感染人。”

1027. “露营时你主动帮队友搭帐篷，虽然自己也是第一次尝试，但能独立解决问题，真厉害！”

1028. “你在公益活动中组织大家捐书，连邻居阿姨都来帮忙，这说明你带动了更多人。”

1029. “虽然合唱比赛没拿名次，但你说‘努力过就不遗憾’，这种心态让妈妈特别感动。”

当孩子在团体活动时表现出集体意识，应该这样夸赞：

1030. “足球比赛时，你主动把球传给位置更好的队友，信任伙伴的态度才是赢球的关键。”

1031. “老师说你主动承担责任，带动了整个小组，你真是为集体着想的榜样。”

1032. “运动会接力赛前，你发现队友鞋带松了立刻提醒他，避免了一场意外，真可靠。”

1033. “春游时你把自己的零食分给忘记带午餐的同学，大家围着你笑的样子让妈妈觉得你好温暖。”

1034. “小组做实验时，你主动整理工具、记录数据，同学们都说你是最佳搭档，确实如此。”

1035. “你发现团队计划有漏洞，立刻提出修改意见，最后大家采纳了你的想法，这就是领导力。”

1036. “班级大扫除时，你不仅完成了自己的任务，还帮同学擦窗户，这种主动分担的精神值得表扬。”

1037. “排练节目时你自愿演配角，而且认真练习，妈妈说‘能把小角色演好的人才是真正的团队支柱’。”

1038. “野餐时你主动收拾垃圾，还提醒大家爱护环境，这种集体责任感特别珍贵。”

1039. “拔河比赛时你明明很累却坚持到最后，还鼓励输了的队友，这就是真正的体育精神。”

1040. “你发现同组同学因为成绩不好被嘲笑，主动陪他复习，现在你们小组的平均分提高了，这就是团结的力量。”

不讲礼貌？——鼓励孩子主动打招呼

情景展现

佳佳觉得平日里为他提供服务的那些人做的都是分内的事，没必要向他们道谢。妈妈认为佳佳这样不礼貌，鼓励他主动打招呼。

问题分析：不讲礼貌的危害

孩子不讲礼貌看似只是一件小事，但其背后所反映出的问题不容小觑。在人际交往中，缺乏基本礼节容易被贴上没教养的标签，例如对长辈或老师直呼其名、拒绝使用“请”“谢谢”等文明用语，这种失礼行为会被他人排斥，导致社交圈逐渐缩窄。长期处于被边缘化的状态会扭曲自我认知，部分孩子会通过更激烈的叛逆行为博取关注，例如故意用脏话挑衅他人，这种恶性循环可能催生攻击性人格的苗头。

教育思路：尽早干预，从小事做起

很多家长对于孩子不讲礼貌的表现存在思维误区，以为孩子“长大了就自然懂事了”，心理学研究证实，幼年未被纠正的粗鲁言行会固化为行为习惯，一直到成年都会受到影响。所以家长一定要引起重视，早干预早教育。

· 家庭规则动态共建法

家长与孩子共同制定涵盖待客、用餐等场景的“家庭礼仪公约”，例如约定客人离开须送至门口等细节。配合可视化反馈机制，如用绿、黄、红三色贴纸实时标注行为等级，让孩子直观感知自身表现：绿色代表主动表示感谢等优秀行为，红色则警示故意打断对话等失礼举动。同时将礼貌行为与家庭责任绑定，例如完成一周问候目标可解锁周末菜单决定权，持续违规则需整理鞋柜，通过权利与义务的平衡强化规则执行力。这种动态共建模式既避免了单向命令引发的抵触，又以持续互动促进礼仪习惯的内化。

· 社交情境预演训练法

通过模拟真实场景提升孩子的礼仪应变能力。例如制作“礼仪挑战卡”，包含“借物被拒”“收到不喜欢的礼物”等常见社交困境，引导孩子在角色扮演中学习得体回应。也可以开展社区礼仪训练任务，如向保安问好记 1 分、帮老人推门记 2 分，累计一定积分可兑换小礼物等，通过社会化训练，将抽象的礼仪训练具象为可操作的场景化训练，帮助孩子从机械模仿进阶为情境化应用。

· 情感联结驱动法

制作一本“礼仪日记”，家长可以记录孩子主动递水给咳嗽的同学等善举，孩子则记录老师弯腰倾听我说话等被尊重的温暖瞬间，每周分享时，重点讨论注重礼仪的行为如何构建情感联结。设计家庭专属互动符号，如碰拳表示赞赏、轻拍肩膀提示用语不当，将礼仪教育转化为亲子间的默契仪式。该方法从情感体验切入，让孩子理解礼貌不仅是规则遵守，更是维系人际关系的情感纽带。

夸孩子金句实例

当孩子主动打招呼时，应该这样称赞：

1041. “你刚才主动和邻居挥手问好，像春天的小太阳一样暖人心呢。”

1042. “你笑着对保安叔叔说‘早上好’时，妈妈看到他的眼睛都亮起来了。”

1043.“今天在公园遇到同学妈妈主动问好，真是个文明小公民。”

1044.“电梯里你第一个说‘阿姨好’，连陌生人都对你竖起大拇指。”

1045.“你远远看到老师就跑过去问好的样子，像只欢快的小麻雀，真可爱！”

1046.“你坚持每天早晨和爷爷奶奶说‘早安’，这份孝心比金子还珍贵。”

1047.“刚才你主动帮快递员叔叔按电梯还说了‘辛苦啦’，这就是温暖的举动。”

1048.“你见到长辈立刻站起来问好，看起来像棵挺拔的小白杨，非常有礼貌哦。”

1049.“今天你在超市对收银员阿姨说‘请’的时候，妈妈发现周围人都在对你微笑呢。”

当孩子礼貌回应他人话语时，应该这样鼓励：

1050.“你刚才说‘谢谢’的样子特别真诚，让人感觉特别温暖。”

1051.“每次你都认真听完别人说话再回答，这样的做法特别棒。”

1052.“你主动和邻居阿姨问好，声音响亮又自然，真像个小太阳。”

1053.“刚才你耐心听完爷爷的建议才开口，这样的沟通方式值得点赞。”

1054. “你对服务员姐姐说‘辛苦啦’，小小的举动却体现出很高的修养。”

1055. “别人递东西给你时，你双手接过并表示感谢，细节满分。”

1056. “即使心情不好也能说‘打扰了’，宝贝真的很有礼貌。”

1057. “你主动帮摔倒的小朋友捡书包，还安慰她说‘没事的’，真是太善良了。”

孩子学会了使用文明礼貌用语，应该这样肯定：

1058. “你现在每次需要帮助时都会先说‘请’，宝贝真的把礼貌用语记在心里啦。”

1059. “能主动说对不起，说明你懂得为他人着想了，真了不起。”

1060. “你提醒爸爸‘吃饭请用公筷’，文明礼仪小标兵就是你啦。”

1061. “你遇到长辈能主动说‘您好’，比以前更懂得尊重人了呢！”

1062. “你刚才玩游戏输了却笑着对小朋友说‘恭喜你’，输赢都优雅的孩子最有气度！”

1063. “今天你教妹妹说‘没关系’，不仅自己学会还能传递礼貌，太棒了！”

1064. "'请问'这个词用得特别到位，真是个文明小达人。"

孩子学会了社交礼仪，应该这样表扬：

1065. "今天主动和客人打招呼还端茶，完全是个小主人的模样了。"

1066. "收到礼物时双手接住并说感谢，这样的礼仪让长辈特别开心。"

1067. "在餐厅轻声说话不吵闹，公共场合的礼仪掌握得很到位嘛。"

1068. "你帮小伙伴留座位还说'一起坐吧'，社交礼仪满分。"

1069. "排队时主动让弟弟站前面，这样的礼让行为他人都看在眼里呢。"

1070. "和同学分享玩具时说'你先玩'，谦让的样子特别有风度。"

1071. "参观博物馆保持安静、不乱摸展品，文明参观的小榜样诞生啦。"

1072. "遇到外宾微笑点头说'Hello'，国际礼仪也难不倒你呀。"

爱跟人争抢？——夸孩子对不同意见的包容

情景展现

小易和朋友一起玩耍时，总是喜欢争抢，爸爸为了教育他，陪他做了一个小游戏，小易终于明白了凡事要通过讲道理解决问题。

问题分析：孩子爱跟人争抢的危害

如果孩子经常争抢东西、难以控制情绪且不愿包容他人，可能带来以下实际问题：一是社交关系受损。孩子与伙伴频繁发生冲突，会让对方感到压力，进而疏远他 / 她。这种孤立状态可能导致孩子失去朋友的信任，并错失合作机会。二是情绪管理困难，长期用对抗方式解决问题，容易形成急躁、易怒的脾气，遇到挫折时更难冷静处理。三是行为模式固化：若长期不纠正，争抢行为可能演变为攻击性举动，比如推搡或语言伤害他人，导致孩子在学校或公共场所被批评、处罚，不利于孩子的品格培养。

教育思路：引导情绪管理，提高共情能力

· 自主协商训练：鼓励孩子独立解决冲突

在孩子的成长过程中，培养他们解决冲突的能力至关重要。通过自主协商训练，鼓励孩子独立解决冲突。当孩子与同伴发生争吵时，家长在确保安全的范围内应减少直接干预，静静观察孩子如何自行处理争抢问题，给予他们通过语言沟通或交换条件达成和解的机会。若矛盾有升级趋势，家长可以给出像轮流玩或交换玩具这样的建议，但要避免强制分配，以此引导孩子理解协商的价值。

· 规则引导与情绪管理：建立明确的行为边界

协商训练分为两个步骤，步骤一为提前与孩子约定规则，比如公共场合需征求他人同意后再拿玩具，并通过家庭模拟练习强化孩子对规则的记忆；步骤二则是借助情绪卡片帮助孩子识别愤怒、委屈等情绪，教导他们用语言表达需求，像“我现在很生气，想自己玩一会儿”。

·冲突后的复盘教育：强化反思与共情能力

在冲突结束后，家长以提问方式引导孩子回顾事件，例如“抢玩具时对方是什么表情？”“你觉得他为什么哭？”以此培养孩子换位思考的能力。然后家长可以和孩子共同总结解决方法，比如下次可以先等待或分享其他玩具，并肯定孩子尝试合作的行为。通过这一系列的方法，全面提升孩子应对冲突的能力，助力他们健康成长。

夸孩子金句实例

当孩子学会理智解决冲突时，这样夸赞：

1073.“你刚才提议和弟弟轮流玩玩具，这样两个人都能开心，真是个聪明的解决办法。”

1074.“当小伙伴抢走你的彩泥，你没有和他争吵，而是邀请他一起玩，这种主动合作的思路太棒了！”

1075.“你发现同学拿错你的橡皮时，没有直接抢回来，而是轻声提醒他，这样礼貌又有效。”

1076.“今天你没有和表弟争遥控器，而是提出轮流看电视，这样的安排很公平。”

1077.“面对同学插队，你没有推搡，而是说‘请排到后面’，既保护了自己，又维护了公共礼仪。”

1078.“当妹妹想玩你的拼图时，你教她怎么拼而不是直接拒绝，这样既分享快乐又解决了问题。”

1079.“小伙伴拿走了你的零食，你不仅没有生气，还主动和他分享，这样的包容让矛盾变成了友谊。”

1080.“你被抢走玩具后，没有哭闹，而是提议交换玩，这样的协商能力值得表扬。”

1081.“你告诉同桌上课不要聊天，不仅维护了你们的关系，也维护了课堂纪律。”

1082.“今天和邻居争执时，你提出用石头剪刀布的方式决定谁先玩，用游戏化解冲突真有创意。”

1083.“当哥哥拿走你的故事书时，你没有哭闹，而是和他一起阅读，爸妈很欣慰。”

1084.“你拒绝同学抄你的作业时，还真诚地规劝他，这样的坚持很对。”

当孩子停止争吵，冷静解决问题时，这样夸赞：

1085.“刚才妹妹拿走你的画笔时，你没有抢回来，这样处理真冷静。”

1086.“你和朋友争论游戏规则时，能停下来等他先说，这种愿意倾听的态度很棒。”

1087.“同学嘲笑你衣服的颜色，你没有理睬他们，这样的自信让人佩服。”

1088.“妈妈看到你握紧拳头又松开，最后和伙伴轮流玩滑梯，你在控制情绪方面做得很好。”

1089.“你被抢走零食时，没有发脾气，而是说‘下次先问问我’，这样的表达很得体。”

1090. “今天和表哥吵架，你能先离开现场冷静五分钟，再回来解决问题，很有自制力。”

1091. “当爸爸误会你弄坏玩具时，你等他说完才解释，这种稳定的情绪值得学习。”

1092. “你被同学推搡后，没有还手，而是通过告诉老师解决问题，处理得很成熟。”

1093. “你发现妹妹弄坏你的画，没有发火，这样的宽容让人佩服。”

1094. “小伙伴不遵守游戏规则，你能耐心地说服他，而不是冲他发脾气，这份包容很感人。”

1095. “你被同学拒绝组队时，没有赌气，而是积极地寻找乐于一起玩的同学，这样的豁达心态很好。”

1096. “今天和同学争论时，你能找老师评判，用第三方帮助解决矛盾的做法非常聪明。”

当孩子开始包容他人的不同意见时，这样夸赞：

1097. “今天和同学讨论时，你认真听完他的想法才表达意见，尊重别人的态度值得表扬。”

1098. “你虽然不喜欢表姐选的游戏，但还是试着体验，这份开放与包容很值得称赞。”

1099. “你和小伙伴计划野餐时，主动考虑别人的口味，替他人着想是一种美好的品德。”

1100. “虽然你很想先出棋，但最后还是同意用抽签决定顺序，这种公平精神值得肯定。”

1101. “你听到同学反对你的观点时，并没有发脾气，而是冷静地听他把话说完，这种开放的心态很好。”

1102. “今天小组合作，你采纳了队友的建议并调整方案，这样的团队意识真强。”

1103. “你明明想玩捉迷藏，但看到大家想踢球，还是少数服从多数，很有集体观念。”

1104. “当妹妹坚持用错误的方法搭积木，你没有打断而是等她自己发现，这样很有耐心。”

1105. “你虽然觉得故事的结局不好，但还是耐心地听完了，这样接纳不同观点的态度很棒。”

第五章

夸个人成长，引导孩子全面发展

对家长依赖性强？——夸孩子的成长和独立

情景展现

刚刚是个依赖性很强的孩子，遇到困难总是第一时间找爸爸妈妈帮忙，缺乏独立解决问题的能力。父母决定通过适当的放手和鼓励，让刚刚学会独立。

问题分析：孩子依赖性强，难以独立

孩子过分依赖家长，会导致他们缺乏独立思考和解决问题的能力。在家庭中，如果父母总是替孩子解决问题，孩子就会逐渐失去面对困难的勇气和信心。在学校和社会中，这样的孩子可能会因为缺乏独立性而难以适应新环境，影响其个人成长和发展。此外，长期依赖家长还会让孩子变得缺乏自信，影响他们的自主决策能力和责任感的培养。

教育思路：培养孩子的独立性和解决问题的能力

孩子对家长依赖性强，这往往与家庭教育方式密切相关。家长过度的保护与控制，可能导致孩子缺乏自主实践和解决问题的机会，进而增强他们对家长的依赖性。家长要适当调整教育方式，给予孩子更多的自主空间和实践机会，引导他们自己思考解决问题的方法，帮助他们培养自信心和自主决策的能力。

· 鼓励孩子尝试从小事做起

在孩子成长过程中，如果家长事事代劳，如整理物品、安排日程等，事无巨细，家长一手包办，虽然看似关爱，实则剥夺了孩子学习和成长的空间。为了解决这一问题，家长应鼓励孩子自己动手尝试，如让孩子自己整理玩具、书包，参与家务劳动等。在这些日常小事中，孩子能够逐渐积累独立生活的经验，减少对家长的依赖。

· 提供解决问题的机会

当孩子遇到困难时，如果家长总是急于替他们解决，孩子就会失去自己思考、解决问题的机会。长此以往，孩子会习惯于依赖家长，遇到问题时缺乏自主解决的勇气和能力。为了改变这一状况，家长应提供解决问题的机会，引导孩子自己思考解决问题的方法。通过提问、讨论等方式，激发孩子的思考，鼓励他们勇于尝试不同的解决方案。这样，孩子在解决问题的过程中，不仅能够培养创新能力，还能增强自信心和独立性。

· 树立自信，鼓励自主决策

家长的态度对孩子自信心的建立至关重要。如果家长对孩子过度干涉或否定，孩子就会缺乏自信，不敢自主决策。为了帮助孩子树立自信心，家长要给予孩子更多的自主空间，允许他们在决策过程中犯错。当孩子做出正确的决策时，家长要及时给予肯定和鼓励；当孩子犯错时，则要引导他们从错误中汲取教训、积累经验。通过这种方式，孩子能够逐渐学会自主决策，减少对家长的依赖，成为更加独立和自信的人。

夸孩子金句实例

当孩子主动尝试独立完成生活小事时，可以这样肯定他 / 她：

1106.“宝贝，你今天自己整理了床铺，都没让妈妈帮忙，你真的长大了。”

1107.“你自己洗了袜子，这可是迈向独立生活的一大步，继续加油。”

1108.“宝贝，你这次尝试了自己洗衣服，下次肯定会更熟练。”

1109. “看到你饭后主动收拾碗筷，妈妈特别欣慰。”

1110. “自己把玩具分类整理好，你的自理能力又提升了，爸爸为你的独立点赞。”

1111. “你主动要求帮忙洗菜，这是独立生活的开始，你做得太棒了！”

1112. “宝贝，你自己收拾了书桌，学习环境变得整洁又舒适，你真的很独立。”

当孩子在学习上尝试独立思考解决问题时，可以这样夸奖他／她：

1113. “做数学题遇到困难时，你没有马上问别人，而是自己思考，这值得表扬。”

1114. “你自己构思了作文内容，不再依赖范文，你的创造力和独立性都让我惊喜。”

1115. “你自己查字典解决了生字的问题，学习越来越独立啦，继续保持。”

1116. “孩子，你运用了不同的解题方法来完成这道应用题，思维真活跃，独立学习能力很强。”

1117. “遇到不懂的知识，你主动查阅资料，这就是独立学习的表现，你真厉害！”

1118. “你自己制定了复习计划，学习越来越有自主性，独立性满分。”

1119. “你独立完成了手抄报，内容和排版都很有创意。”

1120. “在学习上遇到困难，你能自己想办法克服，这种独立精神值得表扬。”

当孩子独立做出决策并取得好结果时，可以这样激励他 / 她：

1121. “宝贝，你自己决定参加绘画比赛，还取得了不错的成绩，你的独立和勇气让我骄傲。”

1122. “你自主选择了参加这次的志愿者活动，不仅锻炼了自己，还帮助了别人，真有主见。”

1123. “自己挑选的课外书，读得津津有味，你的选择很棒，独立选书的能力真强。”

1124. “你决定报名参加英语口语比赛，并靠自己的努力获得了好成绩，你太了不起了！”

1125. “你自己决定周末去图书馆借阅图书，这个决定很明智，你越来越独立，懂得安排自己的时间了。”

1126. “你自主选择了适合自己的兴趣班，并且学得很认真，你的独立和坚持让我佩服。”

1127. “你自己策划了生日聚会，邀请了好朋友，大家都玩得很开心，你真的长大了。”

1128. “你自己决定参加学校的社团活动，还积极参与社团事务，你的独立和热情让你收获满满。”

当孩子养成独立做事的习惯时，可以这样称赞他：

1129. “孩子，你现在无论生活还是学习，都能独立完成很多事情，这种习惯会让你未来的路越走越宽。”

1130. “你已经养成了独立做事的好习惯，无论是面对困难还是挑战，你都能从容应对，你真的很棒！”

1131. “看到你一直保持着独立做事的习惯，老师特别欣慰，你在班级里也成了同学们学习的榜样，继续加油。”

1132. “你独立做事的习惯，让你在学习上取得了很大的进步，在生活中也变得更加自信，相信你在其他方面也会有出色的表现。”

1133. “孩子，你养成了独立做事的好习惯，这是你人生中最宝贵的财富之一，它会陪伴你走向成功，实现自己的梦想。”

1134. “你现在无论遇到什么事情，都能独立思考、独立解决，这种独立的品质非常值得称赞。”

1135. “看到你因为独立做事的习惯而不断进步，妈妈很为你骄傲，希望你能一直保持下去。”

1136. “你已经把独立做事变成了自己的本能，这非常难得。”

遇事容易慌张？——夸孩子的应变能力

情景展现

小芳是个机灵的孩子，可一遇到突发状况就容易慌神。老师发现后，决定借课堂互动的机会锻炼她，培养她的应变能力。

问题分析：遇事慌张容易错过机会

孩子遇事容易慌张，会对其成长造成多方面阻碍。在学习上，考试时遇到难题或突发状况，如笔突然没墨、答题卡填涂失误等，一旦慌张就容易思维混乱，干扰答题思路，导致成绩不理想，甚至对考试产生恐惧心理，影响学习的积极性。在社交中，与小伙伴发生矛盾或在集体活动中遇到意外时，慌张会使孩子无法清晰表达自己的想法，可能加剧矛盾，不利于融入集体，难以建立良好的人际关系。从个人发展来看，容易慌张的性格会让孩子在未来面对工作和生活中的挑战时，缺乏冷静分析和解决问题的能力，导致错失很多机会。

教育思路：培养孩子的应变能力和自信心

从心理角度分析，孩子遇事容易慌张，是因为他们对未知情况缺乏足够的安全感，自信心不足，担心犯错或失败。而在孩子的成长过程中，如果家长过度保护，孩子就没有机会独立应对突发状况，缺乏必要锻炼。为了帮助孩子克服遇事慌张的问题，培养良好的应变能力，可以从以下几个关键方面入手。

· 模拟突发场景，进行应对训练

孩子对于没有经历过的事情往往心存恐惧，如果多模拟，多演练，则会提升应变能力。家长和老师可以根据孩子的年龄和生活场景，模拟各种突发状况，如模拟家中突然停电、外出时与家人走散、在学校丢失重要物品等场景，让孩子在模拟环境中思考应对方法。训练过程中，引导孩子分析问题，制定解决方案，然后进行实践操作。

· 鼓励孩子参与团队活动，锻炼协作和应变能力

团队活动中常常会出现各种意外情况，鼓励孩子积极参与团队活动，如小组竞赛、社团活动、户外拓展等，在活动中，孩子需要与团队成员协作，共同应对突发问题。例如在小组科学实验竞赛中，实验器材突然损坏，孩子需与小组成员一起想办法解决——寻找备用器材，还是调整实验方案。通过这类的协作，孩子不仅能学会倾听他人意见，还能在团队的支持下锻炼应变能力，学会在紧张氛围中冷静思考。

· 引导孩子学习解决问题的方法

当孩子遇到问题慌张时，家长和老师如果直接帮助他们解决了问题，那么下次再遇到类似的问题，孩子们还是会手足无措，要想从根本上解决这一问题，就需要引导孩子学习解决问题的方法。遇到突发情况，先让孩子冷静下来，深呼吸几次，缓解紧张情绪。然后引导孩子分析问题产生的原因，根据原因思考多种解决办法，最后选择最佳方案并付诸实践。

· 分享应对经验，增强孩子自信

每个人在刚开始处理突发状况时，都难以做到完美解决。家长和老师可以分享自己或他人在生活中成功应对突发情况的经验，让孩子明白遇到问题，暂时慌张是正常的，但只要冷静下来，思考应对方案，问题最终能得到解决。例如，家长可以分享自己在工作中遇到紧急任务时，是如何合理安排时间并高效完成任务的。同时，当孩子成功应对突发状况后，及时给予肯定和鼓励，让孩子感受到自己的能力，增强自信心。

夸孩子金句实例

当孩子在突发状况下勇敢尝试应对时，可以这样肯定他／她：

1137.“面对突然停电，你没有害怕慌张，还主动去找手电筒，应变能力超棒！”

1138.“看到你在小组活动中，面对突发问题主动站出来想办法，老师特别欣慰。”

1139.“在比赛中遇到道具损坏的情况，你能勇敢尝试用其他方法继续，及时应变很难得。”

1140.“外出时和我们走散，你没有慌乱，而是去找警察叔叔帮忙，真是有主见的孩子。”

1141.“面对考试时笔没有墨水的突发情况，你勇敢地向老师求助，非常可行。”

1142.“你在游戏中遇到临时改变规则的情况，没有选择放弃，而是主动迎接挑战，真棒！”

1143.“孩子，你在突发状况下有勇气去尝试解决，这就已经成功一半了，继续冲。”

1144.“看到你勇敢地向突发问题发起挑战，我相信你一定能成功应对。”

当孩子在应对突发状况过程中取得阶段性成果时，可以这样鼓励他／她：

1145.“你在应变过程中，能不断调整方法，最终找到解决方向，这种学习能力太值得称赞了。”

1146.“孩子，你已经冷静下来分析出了问题的关键，这是很大的进步。”

1147.“你在应对突发情况时，一次比一次更冷静，我看到了你的成长。”

1148.“你刚刚想出的这个临时应对办法很巧妙，帮助解决了一个大麻烦。”

1149.“你通过自己的努力，在应对突发状况上取得了突破。”

1150.“看，你已经离成功解决问题越来越近了，这都是你冷静分析和努力行动的结果。”

1151.“孩子，你在突发状况面前不放弃，一步一步找到了解决办法，真的让我很佩服。”

1152.“你取得的这个阶段性成果，证明了你的应变能力确实很强。”

当孩子成功应对突发状况、完成挑战时，可以这样激励他 / 她：

1153.“孩子，你成功应对了这么棘手的突发状况，完成了挑战，太让我惊喜了！”

1154.“你做到了，面对这么多突发困难，你都没有慌张。”

1155.“应对这个突发情况可不简单，你用行动证明了自己的应变能力。”

1156.“孩子，你成功跨越了这个突发障碍，这是你冷静和坚持的最好回报。”

1157.“这么难应对的突发问题都被你解决了，你的智慧和应变能力让我刮目相看。”

1158.“你在应对突发状况时展现出的冷静和应变能力，真的值得称赞。”

1159.“你战胜了突发困难，收获的不仅是成功，更是宝贵的应变经验。”

当孩子养成遇事冷静应变的习惯时，可以这样表扬他 / 她：

1160.“你现在遇到突发情况都能冷静应对，不慌张，这种习惯会让你受益终身。”

1161.“你已经养成了遇事冷静应变的好习惯，无论是学习还是生活，你都能从容面对，你真的很棒。”

1162.“看到你一直保持着从容应变的状态，我特别欣慰，继续加油。”

1163.“你遇事冷静应变的习惯，让你能轻松解决突发问题，相信在其他方面也会有出色的表现。”

1164.“你养成的冷静应对问题的好习惯，是你人生中最宝贵的财富。”

1165.“你现在无论遇到什么突发情况，都能积极冷静应对，这种应变能力真的太棒了！”

1166.“看到你因为这种冷静应变的习惯而不断进步，为你骄傲，希望能一直保持。”

做事三分钟热度？——夸孩子坚持的毅力

情景展现

桐桐是个对新鲜事物充满好奇的孩子，但总是在做事时表现出三分钟热度，难以坚持到底。妈妈发现后，决定帮助她培养坚持的毅力。

问题分析：做事三分钟热度对孩子成长不利

孩子做事三分钟热度，会给其成长和发展带来诸多不利影响。在学习方面，频繁转移学习兴趣，不能深入学习知识和技能，导致基础不扎实，成绩难以提升。在培养兴趣爱好上，无法坚持意味着不能真正领略到某项爱好的魅力和乐趣，难以在兴趣领域上有所成就，也不利于培养特长。长期做事三分钟热度，不仅会让孩子养成浮躁的性格，还会导致其缺乏耐心和毅力，不利于其性格的塑造。在未来成长过程中，面对困难和挑战时，孩子也就容易选择逃避，不利于他们健康成长。

教育思路：通过目标规划和抗挫锻炼培养坚持的意志

孩子所处的年龄阶段，决定了他们好奇心强，对新鲜事物容易产生兴趣，但注意力集中时间较短，自我控制能力较弱，难以长时间专注于一件事情的特点。家长要及时地给予孩子足够的鼓励和支持，帮助孩子在坚持过程中不断强大自我，培养恒心、毅力以及坚韧的品格。

· 制定清晰的目标与规划

孩子做事三分钟热度，通常是因为对所做之事缺乏清晰的目标与规划。他们做事多是一时兴起，却没想过最终要达成什么目标。比如学绘画，若只是觉得画画有趣便开始，却不知是想画出美丽风景、人物，还是用于创作故事，极易在新鲜感褪去后放弃。要解决这一问题，家长和老师需引导孩子确立明确目标。如孩子学乐器，可与他讨论未来想达到的演奏水平，是能熟练弹奏简单曲目，还是参加比赛等。同时，协助制定详细规划，像每天练习时长、每周学习进度等。有了清晰的目标与规划，孩子能更有方向地坚持行动。

· 锻炼孩子的抗挫能力

孩子成长过程中，心理承受力较弱，面对困难易退缩。例如搭积木时，几次搭建失败就会失去耐心；学习骑自行车，摔倒几次便不想再尝试。在孩子眼中，困难就是无法逾越的大山，这就导致他们做事难以持久。为提升孩子的抗挫能力，当孩子遇到困难时，家长和老师不应立刻帮忙解决，而应给予鼓励与引导。比如孩子拼图遇到难题时，可启发他换个角度思考，尝试不同的拼接方法。当孩子成功克服困难，要及时给予肯定，让孩子明白挫折是成长的必经之路，战胜挫折就能收获成长，增强坚持下去的勇气。

· 避免受到外界干扰

孩子注意力容易分散，周围新鲜事物很容易吸引他们的注意力。比如孩子正在写作业，听到外面小伙伴玩耍的声音，就在座位上坐不住了；或者在练习书法时，看到旁边有本有趣的漫画书，便放下毛笔去翻看。因此，营造专注的环境至关重要。家里可设置安静的学习区域，减少电子产品、玩具等的干扰；学校也要维持良好的学习氛围。此外，可有意识地训练孩子的专注力，如通过专注力训练游戏，像找不同、拼图等，提升孩子专注做事的能力，减少外界干扰对他们的影响，使其能更专注、持久地做事。

· 难以坚持时给予足够的激励

如果孩子在做事过程中，一直得不到肯定与鼓励，积极性会逐渐降低。比如孩子努力练习舞蹈，却未得到老师和家长的任何表扬，时间久了，就会觉得自己的努力没有价值，也就不会坚持下去了。家长和老师要善于发现孩子的点滴进步，及时给予表扬与鼓励。孩子坚持每天阅读，哪怕只读了几页，也可称赞其坚持阅读的好习惯；孩子在绘画方面有了色彩搭配上的进步，就肯定其创意表达力。通过持续的正向激励，让孩子感受到自己的努力被认可，从而激发他们坚持做事的动力，培养其坚韧不拔的毅力。

夸孩子金句实例

当孩子为既定目标坚持努力时，可以这样肯定他／她：

1167.“孩子，你为了这次考试能取得好成绩，每天都坚持复习，这种毅力太难得了。”

1168.“你为了在绘画比赛中获奖，一直坚持练习，让我看到了坚持的力量。”

1169.“你每天早起锻炼，就为了能在运动会上跑好800米，真的值得称赞。”

1170.“你为了学会弹这首高难度的钢琴曲，反复练习，太了不起啦！”

1171.“为了能在演讲比赛中表现出色，你每天都在练习，你的坚持一定会让你大放异彩。”

1172.“为了在科技小发明比赛中取得好成果，你不断尝试改进，你的坚持让我看到了无限可能。”

1173.“孩子，你为了能在舞蹈表演中表现完美，日复一日地练习基本功，你的毅力让人钦佩。”

1174.“为了在书法展览中展现最好的自己，你每天都在认真临摹字帖，真让我佩服。”

当孩子克服困难坚持完成任务时，可以这样鼓励他 / 她：

1175. “你这次的作业这么难，你却没有放弃，你的毅力太让我惊喜了。”

1176. “你搭建这个复杂的积木城堡时，遇到了那么多困难，可你坚持下来搭出了超棒的作品。”

1177. “学骑自行车的时候，摔倒了那么多次，你还是坚持学会了，爸爸要给你一个大大的拥抱。”

1178. “这次手工制作这么复杂，你都克服困难坚持做完了，真有毅力。”

1179. “背那篇很长的课文时，你觉得很吃力，但依然坚持背熟了，不错哦。”

1180. “这次长跑时你体力有些不支，但依然坚持跑到终点，你太厉害了！”

当孩子在外界干扰下依然坚持专注做事时，可以这样夸奖他 / 她：

1181. “宝贝，外面小伙伴玩得那么热闹，你却能专注于手中的书，这份坚持和专注太难得啦。”

1182. “客厅电视声音那么大，你在房间里依然能认真写作业，你的专注力真棒！”

1183. “周围环境那么嘈杂，你却能专注练习书法，你的专注力让爸爸佩服。”

1184. “手机就在旁边，你却能忍住不看，坚持完成阅读计划，你做得太出色了。”

1185. “家里来了客人，有些吵闹，你却能坚持练琴，你的毅力和专注力太赞了！”

当孩子长期坚持一项好习惯时，你可以这样表扬他 / 她:

1186. “你最近能经常坚持做各种事情，这种坚持的习惯会让你越来越优秀。”

1187. “你已经养成了坚持做事的好习惯，无论是学习还是生活中，你都是个非常棒的孩子。”

1188. “看到你一直保持着坚持做事的习惯，老师特别欣慰。”

1189. “你做事坚持到底的习惯让你在学习上取得了很大的进步，遇到难题也能坚持攻克。”

1190. “你养成了持之以恒的习惯，这说明你是一个有毅力、有决心的好孩子。”

1191. “你现在无论面对什么任务，都能坚持到底，这种品质会让你未来的路走得更远。”

1192. “妈妈看到你因为坚持而不断进步，真为你感到骄傲，希望你能一直保持这个好习惯。”

1193. “孩子，你养成的坚持习惯是你人生中的宝贵财富，它会让你在很多方面都表现出色。”

遇到问题爱放弃？——夸孩子克服困难的坚韧

情景展现

昊昊是个聪明但有些胆小的孩子，一遇到问题就想放弃。爸爸察觉到这一情况后，决定培养他克服困难的坚韧品质。

问题分析：遇到问题爱放弃导致缺乏勇气

孩子遇到问题轻易放弃，会对其成长产生深远的负面影响。当学业中面临问题时，频繁放弃会导致知识漏洞不断累积，成绩难以提升，甚至使其逐渐丧失学习兴趣和信心。在人际交往中，如果孩子面对矛盾或合作困难时总是退缩，不仅影响人际关系的建立，还阻碍团队协作能力的培养，难以从集体中获得成长。从孩子的性格发展角度来看，这种畏难情绪和习惯可能使孩子形成懦弱、缺乏自信的性格，导致他们将来在面对生活和工作挑战时，缺乏应对的勇气和能力，难以取得长远的成功。

教育思路：设定挑战目标，培养孩子的抗挫力

孩子在成长过程中遇到问题爱放弃，从自身角度来分析，孩子可能对自己缺乏信心，害怕失败，对困难的承受能力较弱。从外界的成长环境来分析，家长的过度保护和事事代劳，让孩子没有机会去面对和解决问题，导致他们缺乏应对困难的经验和能力。帮助孩子克服爱放弃的缺点，培养其坚韧的品质，可以从以下几个方面着手改善。

· 设定合适的挑战目标

孩子爱放弃，有时是因为面对的任务难度过高，超出了他们的能力范围。家长和老师要根据孩子的实际情况，为他们设定合适的挑战目标。目标既要有一定的难度，以能激发孩子的动力，又要让孩子通过努力能够实现。比如，对于数学基础较弱的孩子，不要一开始就布置特别难的奥数题，而是要选择一些稍微超出其当前水平，但通过思考和尝试能够解答的题目。在孩子完成目标后，及时给予肯定和鼓励，让他们感受到成功的喜悦，增强自信心，更有勇气去面对下一个挑战。

·鼓励孩子积极面对困难

当孩子遇到困难想要放弃，有时是因为不知道该用怎样的心态面对困难，此时，家长和老师要给予孩子积极的引导和鼓励。告诉孩子困难是成长的机会，每个人都会遇到困难，关键是如何去面对和解决。比如，孩子在学习骑自行车时摔倒了，家长不要立刻去扶，应鼓励孩子自己站起来，告诉孩子很多人学骑车都会摔倒，你能自己尝试站起来，就已经很棒了。让孩子明白困难不可怕，只要勇敢面对，就能够克服。

·培养孩子的挫折承受力

孩子的挫折承受力需要在日常生活中逐渐培养。承受挫折的次数越多、难度越大，得到的锻炼越多，才可能会愈挫愈勇。家长可以适当地让孩子经历一些小挫折，比如在游戏中别总让孩子赢，让他们体会失败的滋味。当孩子遭遇挫折时，引导他们正确看待挫折，帮助他们分析原因，鼓励他们重新尝试。让孩子逐渐适应挫折，增强其承受能力。

·提供解决问题的方法指导

很多时候孩子放弃是因为不知道如何解决问题。家长和老师要教会孩子一些解决问题的方法和技巧，如遇到问题先冷静思考，分析问题的关键所在，然后尝试从不同的角度去寻找解决办法。当孩子在做手工遇到困难时，家长可以引导孩子寻求多种方法，通过想办法解决问题的过程，增强孩子克服困难的能力和信心。

夸孩子金句实例

当孩子为了克服困难而勇敢尝试时，可以这样肯定他/她：

1194.“孩子，你面对这个难题没有退缩，勇敢地迈出了尝试的第一步，你真勇敢！”

1195.“看到你主动去挑战这个有难度的任务，爸爸特别欣慰，你超越了原来的自己。”

1196.“宝贝，你明知前方有困难，还是选择去挑战，你的勇敢让我刮目相看。”

1197.“为了战胜这个困难，你勇敢地跨出第一步，相信自己，你一定能行。”

1198.“你主动迎接挑战的样子真酷，不管结果如何，你已经是爸妈心目中的小英雄了。”

1199.“宝贝，你有勇气去尝试克服困难，这就已经赢了一半，继续冲。”

1200.“看到你勇敢地向困难发起进攻，我相信你一定能收获成功。”

当孩子在克服困难的过程中取得进步时，可以这样激励他/她：

1201.“你已经解决了这个问题中最关键的一步，胜利的曙光就在眼前啦！”

1202.“你在克服这个困难的过程中，一次比一次做得好，我看到了你的成长，请继续保持。”

1203. “你刚刚想出的这个办法很巧妙，它一定能帮你成功地解决这个难题。”

1204. “你在克服困难时，能不断调整方法，最终取得进步，这真是太值得称赞了！”

1205. “看，你已经离成功越来越近了，这都是你坚持和努力的结果。”

1206. “宝贝，你在这个困难面前不放弃，一步一步前进，真的让我很佩服。”

1207. “你取得的这个阶段性成果，证明了你的实力，继续前进吧。”

当孩子成功克服困难完成任务时，可以这样表扬他 / 她：

1208. “你做到了！面对这么多困难，你都没有放弃，你的坚韧让我骄傲。”

1209. “克服这个困难可不简单，但你做到了，你用行动证明了自己的能力。”

1210. “孩子，你成功跨越了这个障碍，爸妈真的为你开心！”

1211. “你在克服困难时展现出的毅力和决心，真的值得称赞，你是大家学习的榜样。”

1212. “宝贝，你成功完成了这个看似不可能完成的任务，你是最棒的！”

1213.“你战胜了困难，收获的不仅是成功，更是宝贵的经验和坚韧的品质。”

当孩子养成了面对困难不放弃的坚韧品质时，可以这样称赞他/她：

1214.“孩子，你现在遇到困难都能勇敢面对，不轻易放弃，这会让你在未来战胜很多困难。”

1215.“看到你一直保持着不放弃的状态，面对困难总是勇往直前，妈妈特别欣慰。”

1216.“你面对困难不放弃的精神，会在你以后的人生路上起到很大的帮助作用。”

1217.“宝贝，你养成的不言放弃的坚韧品质，是你人生中最宝贵的财富。”

1218.“你现在无论遇到什么困难，都能积极应对，这种坚韧的品质会让你成为人生的赢家。”

1219.“看到你因为这种不放弃的态度而不断进步，太开心了，希望你能一直保持下去。”

1220.“孩子，你具有的坚韧品质，迎难而上的精神，对你的成长是最大的助力。”

性格懦弱？——夸孩子坚持自我的勇敢

情景展现

瑶瑶是个做事畏首畏尾的女孩，教练发现瑶瑶性格懦弱之后，决定帮她变得勇敢些。

问题分析：性格懦弱带来的众多影响

孩子性格太懦弱，不敢表达自己的观点和想法，不敢面对挑战和困难，这将对他们的成长造成严重影响。其一，从心理层面看，懦弱的孩子往往缺乏自信和勇气，容易陷入自我怀疑和焦虑之中，影响他们的心理健康。其二，在社会交往方面，懦弱的孩子往往难以与他人建立良好的关系，容易被忽视甚至欺凌，导致产生孤独感并形成社交障碍。

教育思路：激发孩子的勇气和自信

孩子性格懦弱，往往是因为缺乏足够的自信和勇气去面对未知和困难。他们可能曾经尝试过但失败了，或者受到了他人的嘲笑和打击，从而形成了自我否定的心理。此外，家庭和社会环境也可能对孩子的性格产生负面影响，如过度保护、缺乏鼓励等。

· 创造安全的环境

孩子性格懦弱，很多时候是因为不自信，内心也缺乏安全感。这种不安全感可能源于不良的家庭或社会环境，如父母的严厉批评、同伴的嘲笑或排斥等。所以，为孩子创造一个安全、包容的环境至关重要。父母应给予孩子足够的关爱和支持，让他们感受到家庭的温暖和包容。同时，鼓励孩子表达自己的观点和想法，即使这些观点可能与父母的看法不同。通过倾听和尊重孩子的意见，增强他们的自信心和勇气，让他们敢于面对挑战和未知。

· 设定小目标，逐步挑战

孩子在面对大目标时，往往会因为压力过大而选择退缩。此外，过去的失败经历也可能让他们对挑战产生恐惧和抵触情绪。家长可以与孩子一起设定小而具体的目标，让孩子逐渐挑战自己的极限。这些小目标应该是孩子通过努力可以实现的，从而让他们在不断成功中积累信心和勇气。家长还可以引导孩子将大目标分解为小步骤，逐步克服恐惧和困难。

· 培养独立解决问题的能力

父母过度保护以及遇到问题时直接代劳的行为，会导致孩子在面对困难时无所适从，缺乏独立性，丧失了独立解决问题的能力。家长可以尽量鼓励孩子独立思考和解决问题，培养他们的自主性和独立性。当孩子遇到困难时，不要急于替他们解决，而是引导他们分析问题、寻找解决方法。通过提问和启发，培养孩子解决问题的能力。同时，给予孩子适当的挑战和机会，让他们在实践中锻炼和提升自己的能力。

夸孩子金句实例

当孩子意识到自己不能太懦弱时，可以这样肯定他 / 她：

1221. “孩子，你开始意识到自己的问题，遇到困难不再选择逃避，这种成长真的很让人欣慰。”

1222. “看到你勇敢地面对自己的不足，决定改变，我们为你感到骄傲。”

1223. “你能够认识到自己的懦弱，并决心克服它，这种勇气真的很值得称赞。”

1224. “你开始尝试走出舒适区，不再让懦弱束缚自己，这种进步真的很明显。”

1225.“你开始学会面对困难，不再轻易退缩，这种成长真的很重要。”

1226.“看到你勇敢地挑战自己的懦弱，我们真的为你感到高兴，你正在变得越来越强大。”

1227.“你能够意识到自己的不足，并主动寻求改变，这种自我认知真的很宝贵。”

1228.“你不再因懦弱而退缩，而是选择勇敢地面对，这种转变真的很让人感动。”

1229.“你开始展现自己的勇气，不再让懦弱成为阻碍你前进的枷锁，这种成长真的让人眼前一亮。”

当孩子敢于尝试新事物时，可以这样夸奖他 / 她：

1230.“孩子，你敢于尝试新事物，真是太勇敢了！”

1231.“你这次决定挑战自己，真的很了不起，我们相信你一定能行。”

1232.“看到你勇敢地迈出第一步，我们真的为你感到开心。”

1233.“你敢于面对未知，这种勇气真的很值得称赞。”

1234.“你这次尝试新事物，虽然有点紧张，但你的勇敢让我们很感动。”

1235.“看到你勇敢地接受挑战，我们觉得你真的长大了很多。”

1236. “你的勇气让我们看到了你的成长和进步。”

1237. “孩子，你太有勇气了，敢于尝试自己从未做过的事情。”

1238. “你这次的表现让我们很惊喜，你真的越来越勇敢了。”

当孩子坚持自己的观点时，可以这样鼓励他/她：

1239. “你能坚持自己的观点，真的很不容易，我们很佩服你。”

1240. “你敢于表达自己的想法，这种勇气真的很值得学习。”

1241. “看到你坚持自己的观点，我们觉得你真的很有个性。”

1242. “孩子，你的坚持让我们看到了你的独立和自信。”

1243. “你能在众人面前坚持自己的观点，是个懂得自己需求的孩子。”

1244. “你的坚持让我们感受到了你的勇气和决心，相信你做什么都能做好！”

1245. “你的观点很有深度，你能坚持它，真的很棒！”

1246. “看到你坚持自己的立场，我们觉得你真的很有原则！”

1247. “你真的很勇敢，敢于在众人面前说出自己的想法！”

不爱跟人竞争？——夸孩子竞赛时的拼搏精神

情景展现

星星不想参加任何竞赛，觉得参加比赛很紧张，担心会失败，老师察觉后决定培养星星的拼搏意识。

问题分析：不爱竞争的不良影响

孩子不爱竞争、逃避竞争，在多个方面可能带来不利影响。比如，缺乏竞争经验可能导致孩子在面对挑战时缺乏自信和勇气，难以适应未来的竞争环境。逃避竞争可能让孩子错过许多展示自己、锻炼能力的机会，限制他们的个人成长和发展。此外，长期逃避竞争还可能使孩子变得怯懦，缺乏独立思考和解决问题的能力。因此，家长和教育者需要引导孩子正确看待竞争，培养他们的竞争意识和抗压能力，同时也要关注孩子的心理健康，避免过度竞争给他们带来负面影响。

教育思路：帮助孩子树立正确的竞争观念

有的孩子不爱竞争，缺乏拼搏精神，一方面可能是因为家庭对孩子过度保护，他们平时没有培养竞争意识和体验失败的机会，进而不敢面对挑战和失败。另一方面，孩子可能曾经参加过竞赛，因为失败受过打击，没能及时调整好心态，从而对竞赛有了抵触心理。此外，个人性格特质也会影响孩子的竞争态度，如内向、胆小或缺乏自信的孩子可能更倾向于回避竞争。家长和老师需要关注孩子的个性和需求，引导他们正确看待竞争，培养他们的竞争意识和抗压能力。

· 树立正确的竞争观念

竞争不仅是与他人争夺资源或名次，更是一种自我挑战和成长的过程。在孩子的成长过程中，家长和教育者应引导他们正确理解竞争的本质。让孩子懂得，竞争是激励自己不断进步、追求卓越的动力源泉。通过竞争能发现自身的不足，学习他人的优点，从而不断完善自己。

· 培养孩子面对失败的抗压能力

在竞争过程中，失败是难免的。然而，孩子在面对失败时，可能会感到沮丧和挫败。因此，我们需要培养孩子的抗压能力，让他们学会从失败中站起来，重新出发。所以，家长和教育者应避免对孩子寄予过高的期望，让他们理解成功并非一蹴而就，而是需要付出努力和时间的。同时，也要让孩子明白失败是成长的一部分，是通往成功的必经之路。在失败后，家长应态度温和地引导孩子进行反思，分析失败的原因，总结经验和教训。这样，孩子就能从失败中汲取力量，为下一次的挑战做好准备。

· 夸赞竞争中的拼搏精神

在竞争中，要想战胜对手不仅需要勇气，还需要坚持的毅力，以及竞赛过程中的技巧等，更需要拼搏精神，才能不畏艰难，勇往直前。家长应该及时夸赞孩子在竞争中的拼搏精神，给予他们足够的肯定和鼓励。竞争中，家长不仅要关注孩子的成绩和名次，更要关注他们在过程中的努力和付出。只要孩子展现出顽强的拼搏精神时，无论结果如何，我们都应该给予他们高度的赞扬和肯定。

夸孩子金句实例

当孩子不再排斥参与竞赛时，可以这样肯定他 / 她：

1248.“你终于克服了内心的恐惧，勇敢地踏出了参与竞赛的第一步，真是令人骄傲。”

1249.“看到你对竞赛的态度从抗拒转为接受，我感受到了你成长的力量。”

1250.“你学会了将竞赛视为自我提升的机会，这种心态非常宝贵。”

1251.“不再排斥竞赛，说明你已经准备好在更大的舞台上展现自己了。”

1252.“你对竞赛态度的转变，让我看到了你内心的坚韧。”

1253.“你开始享受竞赛带来的刺激与成长，这份积极真是难能可贵。”

1254.“能够克服心理障碍，主动参与竞赛，你真的很了不起。”

1255.“你积极参与竞赛，表明你是一个有进取心的好孩子。”

1256.“不再排斥参加竞赛，而是积极面对，你的成长速度令人惊叹。”

当孩子能以平常心看待竞争时，可以这样夸奖他 / 她：

1257.“你能以平常心看待竞争，这种心态会让你表现得更出色。”

1258.“你学会了在竞争中保持冷静，这份定力让人佩服。”

1259.“在竞赛中，你展现出了超越年龄的成熟与稳重。”

1260.“能够以平常心面对竞争，说明你已经掌握了内心的平衡。”

1261.“你对胜负的看法如此豁达，这份心态将助你走得更远。”

1262.“在竞争中保持平常心，你展现了真正的自信与从容。”

1263.“你对竞争的理解深刻而透彻，这份智慧让人赞叹。”

1264.“能够以平常心看待竞争，你已经拥有了成为强者的潜质。”

1265.“你的这份平常心，是许多成年人都不具备的，你真的很棒。”

当孩子具有拼搏精神时，可以这样鼓励他 / 她：

1266.“你的拼搏精神让我深受感动，无论结果如何，你都值得赞扬。”

1267.“你总是能够全力以赴，这份拼搏精神是你最宝贵的财富。”

1268.“无论遇到多大的挑战，你都能勇往直前，这份勇气让人赞叹。”

1269.“在每一次拼搏中，你都能超越自我，这份成长让人欣慰。”

1270.“你的拼搏精神就像永远不熄的火焰一样，一直照耀着你勇往直前。”

1271.“在拼搏的道路上，你从未停下脚步，这份坚持让人动容。”

1272.“你用实际行动诠释了什么是真正的拼搏精神，让人深受鼓舞。”

犯错还嘴硬？——夸孩子知错就改的态度

情景展现

小伟性格倔强，经常犯了错还嘴硬，不愿承认自己的错误，妈妈决定帮他改掉这个毛病。

问题分析：孩子知错不改的危害

孩子犯错后拒不认错、知错不改可能带来多方面的负面影响。长期逃避错误可能削弱亲子信任，导致家庭关系陷入“批评—反抗”的恶性循环，甚至影响孩子未来与他人建立健康关系的能力。这类孩子在社交中易被贴上不负责的标签，逐渐被同伴孤立。从成长角度看，缺乏反思习惯会阻碍认知发展和削弱问题解决能力，使孩子依赖逃避或撒谎应对矛盾，甚至形成扭曲的自我认知（如过度自负或归咎外界）。孩子长期不接受他人批评中有益的部分，会导致与他人的矛盾频发，甚至形成攻击性人格。若未及时纠正撒谎问题，可能导致孩子道德边界模糊，以致成年后出现责任感薄弱，甚至漠视规则和法律等问题。

教育思路：避免情绪化指责，肯定孩子承认错误的行为

建议家长避免情绪化指责，通过事实描述和自然惩罚引导孩子直面错误，同时强化对认错勇气的正向激励。

· 建立安全沟通环境，避免情绪化指责

孩子拒不认错往往源于对批评的恐惧。这时家长可以采用“事实描述＋情感接纳”的方式和孩子沟通，例如，“我看到你打碎了花瓶（事实），这让我有点担心（感受）。可以告诉我发生了什么吗？”避免使用“总是”“又犯错了”等标签化语言，更不要翻旧账或当众指责，这会触发孩子的防御心理。建议在私密、稳定、安全的私人空间沟通，比如孩子自己的房间内，而不是不分场合地责骂孩子。沟通时可以用平静的语气引导孩子表达真实想法，并明确犯错不可怕，敢于承认就是有担当的表现。

· 用自然后果代替惩罚，培养责任感

通过后果体验让孩子理解错误的影响，例如弄脏墙壁需自行清理、损坏玩具需用零花钱修补。家长需克制替孩子善后的冲动，但可提供指导，如“我们一起想想怎么处理碎片更安全。”同时，借助生活案例或寓言故事帮助孩子建立道德认知，说明推卸责任会导致失去他人的信任。关键要让孩子认识到弥补错误比逃避错误更有价值。

· 强化认错勇气的正向激励

当孩子承认错误时，优先肯定其诚实行为：“你能说出真相，这需要很大勇气，我很骄傲。”随后再讨论改进方法，如“下次我们可以怎样避免打翻水杯呢？”家长需以身作则，例如主动向孩子道歉“妈妈刚才大声说话是不对的，以后我会注意。”通过“错误－反思－成长”的日常行为示范，帮助孩子形成积极的纠错习惯。

夸孩子金句实例

当孩子勇于承认错误时，应该这样鼓励：

1273.“你打碎花瓶后立刻告诉我，这种诚实比隐瞒更需要勇气，真是个有担当的孩子。”

1274.“看到你主动承认弄脏了墙壁，我知道你在努力克服逃避的本能，这种进步真让人骄傲。”

1275.“你摔坏玩具后立刻告诉我，这种诚实的态度，是解决问题的第一步，太棒了！”

1276.“孩子，你忘记写作业时选择坦白而不是撒谎，你证明了诚信比完美更重要，真让人佩服。”

1277.“你弄丢同学的文具后主动说明情况，这种直面错误的勇气，会赢得更多信任，真了不起。”

1278.“弄乱房间后没有找借口，而是直接承认，这种坦荡让我看到你的成长，太令人欣慰了。”

1279.“当打翻牛奶时你没有逃避责任，而是立刻说‘是我的错’，真是个勇敢的孩子。”

1280.“你弄坏绘本后没有把它藏起来，而是拿到我面前，这种坦诚比书本更有价值。”

1281.“你在游乐场撞倒小朋友后立刻把他扶起来并真诚地道歉，真是个有责任感的孩子。”

1282.“弄脏邻居家门后主动敲门说明情况，这份担当让错误变成了建立信任的机会，真了不起。”

当孩子犯了错主动道歉时，应该这样夸赞：

1283.“你认真擦净弄脏的课桌后向老师诚恳地说‘对不起’，这样的补救让我很感动。”

1284.“当你弄皱同学的画作时，你不仅道歉还帮忙重新装裱，把歉意转化为行动，真是个善于反思和补救的孩子。”

1285.“不小心弄倒积木后你向每个小伙伴说‘请原谅’，这种郑重其事的态度体现了对他人的尊重，太棒了！”

1286.“打翻餐盘后你不仅道歉还帮忙收拾，让过失变成了责任心的体现，真让人欣慰！”

1287.“踩坏花园幼苗时你向幼苗道歉，又种下了新的种子，这是负责任的表现。”

1288.“你弄湿图书馆书籍后能细心晾干并附上道歉卡片，这份周全的心意超出了弥补的意义，太感人了。”

1289.“弄丢借来的铅笔盒后你及时向同学道歉，并用自己的零花钱给他买了新的铅笔盒，这份心意背后是心灵的成长，真值得赞赏。”

1290.“踢球打碎玻璃后你主动写道歉信放进邻居的信箱，这种道歉方式非常郑重，真有责任心。”

1291.“弄脏妹妹的裙子后你不仅道了歉，还帮她设计了新图案，用实际行动弥补错误，真值得赞扬。”

1292.“因为迟到让全班等待时你站在讲台上大声说‘对不起’，公开致歉需要勇气，真了不起。”

1293.“偷玩手机后你红着眼睛说‘我错了’，湿润的眼眶比语言更能传递悔意，真让人心疼。”

当孩子犯了错主动善后时，应该这样肯定：

1294.“你能主动清理自己弄脏的墙壁，这份担当真让人欣慰。”

1295.“打碎花盆后你默默用胶带拼接残片，这种清理修复的行为说明你是个有责任心的孩子。”

1296.“踢倒垃圾桶后你不仅扶正还分类整理了散落的垃圾，

细致的补救行为令人欣慰，真是个细心的孩子。”

1297.“你弄丢公交卡后，自己攒钱补办了它，主动善后比简单认错更有意义，真了不起！”

1298.“虽然绘本被你不小心撕破了，但你用贴纸创作出了新故事，这种把破坏转化为艺术的智慧，真让人惊喜。”

1299.“你弄脏运动鞋后自己刷洗晾晒，独立解决问题的过程比鞋子珍贵，真让人欣慰。”

1300.“碰倒自行车后，你就把每一辆都扶了起来，真是个有责任心的孩子。”

1301.“掉落米粒后，你一粒粒捡起来喂给站在窗台上的小鸟，将失误转化为善举，真温暖。”

第六章

夸品质品格，树立正确人生观

遇事爱撒谎？——鼓励孩子有诚实面对问题的勇气

情景展现

小梅有个坏习惯，就是遇到某些事情时容易撒谎，她觉得在无关紧要的小事上撒个小谎没有影响，直到朋友们再也不信任她。

问题分析：孩子习惯性撒谎的危害

孩子频繁撒谎会逐渐瓦解周围人的信任，被贴上不可信的标签，导致被同伴疏远甚至排斥，这种人际关系的破裂在青少年群体中比较常见。长期通过欺骗逃避责任，会让孩子失去直面问题的勇气，形成依赖谎言的心理惯性，遇到困难时优先选择编造借口而非积极解决，这种逃避模式将削弱其抗挫折能力与淡化其担当意识。更值得警惕的是，当孩子发现谎言能短暂帮自己逃避惩罚或获取利益时，可能导致其模糊是非观念，例如为虚荣编造成绩或剽窃他人成果，这种价值偏差可能在未来演变为更严重的道德失范行为。若未及时对孩子进行引导，成年后可能因失信记录影响学业和求职，甚至在关键时刻因习惯性欺瞒酿成无法挽回的后果。

教育思路：营造安全坦诚的对话环境

这是纠正孩子撒谎的第一步。当孩子犯错时，家长可以用温和的提问代替质问，这样的沟通方式能减轻孩子的防御心理，让他们感受到被理解而非被审判。同时，家长要克制情绪，即使发现孩子的话有漏洞，也要耐心倾听，避免因责骂而加深孩子的恐惧，导致他们更加不敢说实话。

· 将错误转化为成长契机

当孩子承认错误后，与其共同制定补救计划比单纯惩罚更有意义。例如，若孩子偷拿零花钱买玩具，可以引导他用做家务的方式赚取零花钱归还，并手写反思信。这种“承担后果–修正行为”的过程能让孩子体会到诚实的正向力量。日常中抓住教育时机也很重要，比如在超市收银员多找零钱时，鼓励孩子主动归还并给予肯定：“你刚才的做法特别棒，诚实让大家都感到温暖。”这样的正向反馈会逐渐削弱撒谎带来的侥幸心理。

· 杜绝善意的谎言

孩子会无意识地模仿父母处理问题的方式，因此家长要警惕为省事而说谎、讲善意的谎言等习惯。例如，因工作取消家庭活动时，要明确道歉："这次是爸爸没安排好时间，周末一定补上"，而不是用"游乐园关门了"来搪塞孩子。对于非原则性过失（如打翻牛奶），可以用轻松的态度化解："正好我们一起学习怎么清理吧。"这种处理方式能减少孩子的紧张感。日常生活中，家长还可以分享因自己的诚实行为带来的积极经历，例如："妈妈上次退回了多找的钱，店员阿姨特别感动"，用真实的生活案例潜移默化地塑造孩子的价值观。

夸孩子金句实例

当孩子犯了错不承认时，这样引导孩子承认错误：

1302. "你愿意和我分享今天发生了什么吗？比起错误本身，妈妈更在意你是不是能说真话。"

1303. "你刚才说话时眼睛一直在看地板，是不是心里有事？无论发生了什么，我们都可以一起想办法解决。"

1304. "还记得《狼来了》的故事吗？撒谎会让信任像碎掉的玻璃一样难以修补，但诚实能让我们更亲密。"

1305. "上次你主动告诉我弄脏衣服的事，妈妈特别感动，这次你也能试试吗？我们一起面对会更轻松。"

1306. "犯错是每个人都会经历的事，但隐瞒就像遮住伤口却不处理，说出来才能让伤口真正愈合。"

1307.“你看爸爸上次忘记关水龙头，他立刻承认并清理了，我们反而更相信他会改好。你愿意试试吗？”

1308.“撒谎时心跳会变快，手心会出汗，说真话反而能让心里的大石头落地，你想感受一下吗？”

1309.“如果你担心被责怪，我们可以先拉钩约定：今天只说真话，不生气，共同解决问题。”

1310.“你以前弄丢玩具时勇敢地承认了，后来我们找到了更好的保管方法，这次你也能像上次那样勇敢吗？”

1311.“妈妈不会因为你犯错就减少对你的爱，但撒谎会让我们之间的信任变少，你愿意告诉我真相吗？”

1312.“你看小猫打翻花盆后‘喵喵’叫的样子，像在道歉多可爱，诚实的孩子也会像它一样被大家喜欢。”

1313.“我们家的规则是‘犯错+诚实=成长’，如果你愿意说出来，我们可以一起完成这个公式。”

当孩子敢于承认错误时，这样引导孩子修正错误：

1314.“你主动承认打碎了杯子，我们可以一起用零花钱买新的，再画张道歉卡放在桌上好吗？”

1315.“上次你偷吃糖果后主动刷牙，这次弄脏家里的墙壁，我们一起用画刷把它变成一幅创意画吧。”

1316.“你承认错拿了同桌的橡皮，明天我们带块新的还给他，再和他说一句‘对不起’。”

1317.“你愿意承担乱丢玩具的后果，那我们一起制定玩具回家计划，每天睡前都把它们收纳好。”

1318.“你承认作业是抄的，今晚我们可以关掉电视，一起重新思考解题方法，这个过程会很有趣。”

1319.“你主动说出弄坏滑板车的事，爸爸陪你修车时，会教你拧螺丝的技巧，这是成长的必修课。”

1320.“你承认偷玩手机后，我们可以约定每天完成作业后光明正大地玩30分钟，这样更轻松对吗？”

1321.“你弄脏地毯后没有逃避，现在我们一起用清洁剂和旧牙刷，把它清理干净吧。”

1322.“你坦白藏起了考卷，周末我们重新做一遍错题，把红色的叉变成绿色的对勾，怎么样？”

1323.“你承认对妹妹说了谎，现在去给她讲个诚实小熊的故事，再送她一颗你最喜欢的星星糖吧。”

1324.“你弄丢借来的书后主动告知，我们周末去书店选一本新的，再夹一片银杏叶当书签纪念这次成长。”

1325.“你撒谎说肚子疼逃避游泳课，现在我们去和教练道歉，并约定下次累了可以直接说‘我需要休息’。”

当孩子不再撒谎，而是主动承认错误时，这样表扬孩子：

1326.“上周你弄丢绘本后立刻告诉我，我们找回来的过程多开心呀！这种坦诚比100分更珍贵。”

1327.“刚才你承认偷吃了巧克力，妈妈看到你擦桌子的样子，觉得你像个小骑士一样有担当。”

1328.“你主动归还超市多找的零钱，店员阿姨夸你时，妈妈觉得你是世界上最闪闪发光的孩子。”

1329.“上次你打破花瓶后立刻道歉，现在每次看到修补的花纹，都觉得它比原来更美了。”

1330.“你坦白忘记浇水导致花朵枯萎，现在我们一起种下新种子，每天记录它们的成长，多有意思呀。”

1331.“你承认乱按电梯按钮后，主动写了道歉信贴在电梯里，它比你的任何一张奖状都更让爸爸自豪。”

1332.“你弄脏同桌衣服后立刻道歉，还帮他擦干净，他说‘你是我见过最诚实的朋友’时，妈妈为你骄傲。”

1333.“你主动说出打游戏超时的事，我们调整时间表后，你反而玩得更安心了，这就是诚实的回报。”

不喜欢被批评？——鼓励孩子用平和心态面对

情景展现

超超性格有点敏感脆弱，不论是老师还是父母，只要是批评的话语，他一概不愿意听。爸爸决定教育他，要放开心态，学会接受批评。

问题分析：孩子听不得批评的危害

孩子听不得批评的根源，常与家庭教育模式密切相关。若家长过度表扬孩子、回避指出错误，他们容易将批评等同于“我不够好”，形成“玻璃心”；另一种情况是家长常用贬低的话语批评孩子，如“笨”“脑子进水了”“你怎么这都不会”等，反而激发孩子的对抗心理。长期如此，孩子会陷入两种困境：一是活在“我永远正确”的幻觉里，发现不了自身问题，学习能力停滞；二是遇到挫折时习惯推卸责任，如考试失利怪老师出题难、摔倒在地赖地板滑。更严重的是，朋友和师长可能因顾虑冲突而不再真诚提醒，导致孩子逐渐被孤立。这种状态就像蒙眼前行，既看不清真实的自我，也看不见正确的道路。

教育思路：稳定情绪，引导孩子正确面对批评

无法接受批评的本质是孩子用心理盔甲保护脆弱的自我，但盔甲会变成枷锁。唯有通过客观归因、建设性沟通和持续练习，才能让孩子将批评转化为成长的阶梯。

· 从日常小事入手，把批评转化为建设性反馈

比如孩子打翻牛奶时，不说“你怎么总毛手毛脚”，而是蹲下来和他一起擦桌子说：“牛奶洒了会滑倒，下次我们试试双手捧杯子？”这种表达既点出问题，又提供解决方案，同时用“我们”拉近距离。平时可以刻意制造安全犯错场景，比如和孩子下棋时故意输掉一局，然后说：“爸爸刚才没看准你的埋伏，下次得换个策略。”让孩子看到大人也会失误，但调整后能进步。关键在于把批评包裹在共同探索的过程中，让孩子觉得发现问题不是被攻击，而是和信任的人一起打怪升级。

· 用情绪缓坡代替正面硬刚

当孩子被批评后哭闹时，先不急着讲道理，而是带他深呼吸几次，等情绪降温后，用故事隐喻引导反思。同时家长可以每周分享自己的挨批评日记，比如“今天开会领导说我报告数据有错，我检查后发现果然漏了一页，补上就被夸细心了”。用具体案例让孩子明白，接受批评不等于认输，而是拿到修正问题的钥匙。

· 通过第三方视角建立客观认知

和孩子玩小记者游戏，让他用玩具话筒采访家人：“妈妈，你觉得我今天收拾玩具的动作哪里可以更快？”记录所有人的回答后，再换角色让他当纠错小侦探，观察爸爸洗碗后是否关紧水龙头。周末看动画片时，到相关情节处按下暂停键，讨论角色行为：“小猪佩奇不肯听劝继续跳水坑，结果摔疼了，如果是你会怎么办？”这种角色剥离的教育方法能减少孩子的心理防御。

夸孩子金句实例

孩子犯了错但不接受他人的批评时，这样说：

1334. “上次你弄脏墙壁后没有逃避，这次也可以试着说出真实想法，我们像上次修补墙面的裂纹时一样，共同解决问题。”

1335. “当你反复说‘不是我干的’时，妈妈注意到你紧握的拳头在颤抖，或许我们可以先深呼吸三次再聊聊这件事。”

1336.“还记得上周踢球误伤邻居玻璃吗？你当时勇敢道歉后，张叔叔反而教了你新的射门技巧，诚实总能带来意外的收获。”

1337.“你说同桌冤枉你弄坏文具盒时，眼睛一直盯着地板，或许我们可以把各自的视角画成漫画来还原真相。”

1338.“爸爸上次工作失误被领导批评，他主动写了改进方案，现在团队成员更信任他了，你要不要试试这种方法？”

1339.“你总说奶奶唠叨你挑食，但她悄悄告诉我，每次你吃完青菜她都在日历上画星星，这些星星都期待你能坦诚面对自己。”

1340.“像拼乐高时装错零件需要拆开重装一样，承认错误就是拿掉错误的乐高零件，之后换上正确的零件，就能让整件事情圆满收尾。”

1341.“你捂住耳朵说‘我不想听’时，妈妈会安静地折纸青蛙等你，等它们跳到你手心时我们再重新开始对话。”

孩子面对他人指责，难以接受时，这样说：

1342.“你被教练指出游泳姿势错误时，眼泪在眼眶打转的样子让妈妈心疼，但记得吗？你正是因为及时改正才学会了更漂亮的自由泳。”

1343.“当老师说你的作文跑题时，你气呼呼地揉皱稿纸，平静下来后又仔细思考的样子像极了作家修改草稿时的模样，这是走向优秀的必经之路。”

1344.“爷爷指出你围棋走错步时的皱眉，其实藏着欣慰——他年轻时输掉比赛会哭鼻子，你现在愿意听建议已经比他当年勇敢了。”

1345.“你甩开我的手说‘你们都不懂我’时，妈妈发现你在偷偷观察妹妹搭积木的方法，其实你已经在学习接纳不同的声音。”

1346.“就像你调试机器人程序时要反复试错，别人的建议就像新的代码输入，可能会让作品变得更灵活有趣。”

1347.“你捂住考卷不让爸爸看错题时，他其实准备了错题本和彩色贴纸，等待和你一起把红叉变成金色的成长勋章。”

1348.“你在游乐场被指出插队时涨红的脸，像熟透的苹果一样可爱，后来主动排到队尾的样子比任何奖杯都闪亮。”

孩子开始接受他人的批评时，这样说：

1349.“昨天你听完老师点评后没有摔琴谱，而是默默在乐句旁画了小旗子标记，这种冷静比弹对十个音符更珍贵。”

1350.“你攥着被指出问题的科学报告来找我，我们一起查资料到深夜的样子，像极了执着寻找宝藏的探险家。”

1351.“足球赛后你主动问队长‘我传球哪里不好’，那一刻你运动服上的泥点都变成了勇气的徽章。”

1352.“你保留着数学作业上的修正痕迹，那些用绿色笔修改的数字，正在为你编织通往进步的阶梯。”

1353.“烘焙失败时你不再摔打面团，而是认真记录‘糖量减少、烘烤时间延长’，这份清单比完美的蛋糕更甜蜜。”

1354.“你让妹妹监督你的跳绳姿势，她举着彩绳当裁判时，你们俩的笑声比任何掌声都悦耳。”

1355.“你在日记里写‘虽然难受但老师说得对’，这些字句像春雨后的嫩芽，终将长成挺拔的树木。”

1356.“你保存着被圈改的演讲稿，决赛时新增的案例让评委频频点头，那些红笔批注成了最特别的胜利装饰。”

孩子拥有了平和的心态，要这样说：

1357.“你主动邀请同学给你的手工作品提建议，当纸船装上大家想的彩帆时，整个作品就像载满智慧的诺亚方舟。”

1358.“现在你听到不同意见时会先说‘让我想想’，这个思考的瞬间是你成长的珍贵画面。”

1359.“你在班会上举手说‘请说说我的缺点’，那一刻教室的阳光都聚在你身上，比任何聚光灯都耀眼。”

1360.“你建立了建议收集册，这真是一个很棒的进步。像园丁修剪枝叶让树木更挺拔，你整理建议笔记时的专注，正在塑造更优秀的自己。”

1361.“你教妹妹折纸时提醒‘如果觉得我教得不好要说哦’，你这耐心的指导让她这次折的千纸鹤比以往都好看。”

1362.“辩论赛前你特意找反方同学模拟对战，那些激烈的交锋最终化作了你在领奖台上沉稳致谢的底气。”

不会关心别人？——夸孩子关怀家人的细心

情景展现

琪琪是个被家人宠爱的孩子，一直以来她习惯了接受他人的照顾，不太懂得关心家人。家人们决定通过引导和鼓励，让琪琪学会关怀他人。

问题分析：不关心别人不利于良好性格的形成

无论是家人、朋友、同学还是日后的同事，都希望与有关爱之心的人相处。在家庭中，如果孩子长期不关心家人，会使家庭关系缺乏温暖和互动，家人之间的情感联结也会变弱。在学校里，不懂得关心同学的孩子可能难以融入集体，难以建立深厚的友谊，从而影响其社交能力的发展。从孩子自身成长角度看，不懂得关心他人会让孩子变得以自我为中心，缺乏同理心，不利于孩子善良、对他人富有爱心等优秀品质的形成。进而对孩子未来的人格塑造和心理健康产生不利影响，在面对复杂的社会关系和人际交往时，也会遭遇更多的困难和挫折。

教育思路：培养观察习惯和关怀意识

孩子不懂得关心家人，很多时候是因为他们习惯了接受爱，习惯了以自我为中心，所以不能及时感知家人的需求，造成难以及时关心家人的情况。家长需要给予孩子足够的引导，让孩子培养关心他人的意识和行为习惯。为了帮助孩子学会关怀家人，可以从以下几个方面进行引导。

· 帮助孩子突破以自我为中心的局限

孩子之所以缺乏对他人的关心，常因处于以自我为中心的思维模式。在成长阶段，他们的认知聚焦于自身需求与感受，尚未充分理解他人也有需求。例如在家庭聚会中，孩子会优先选择自己爱吃的食物，将其据为己有，不考虑其他家庭成员的喜好。

要引导孩子树立利他思维，家长可通过日常小事加以引导。如吃饭时，鼓励孩子给长辈夹菜，分享自己喜爱的食物，并告诉孩子分享能让大家更开心。同时，在家庭活动中，为孩子分配任务，如为家人准备小惊喜，让他们在实践中体会到关心他人带来的快乐，逐渐突破自我局限。

· 营造家庭关爱氛围并发挥榜样力量

家庭氛围对孩子的行为塑造至关重要。若家庭中缺乏关爱氛围，父母不注重关心长辈，孩子也难以养成关心他人的习惯。家长应积极营造充满关爱与温暖的家庭氛围，成为孩子的榜样。主动关心家中长辈，如定期陪老人体检、关心他们的日常起居和身体情况。逢年过节，精心为长辈准备礼物，让孩子看到关心他人的实际行动。此外，家长可在家庭聚会中分享关心他人的温暖故事，让孩子在爱的氛围中受到感染与熏陶。

· 提升孩子表达能力，传递温暖心意

有些孩子虽内心有关心家人的想法，但因缺乏有效的表达能力，不知如何将心意传递出去。家长要注重培养孩子的表达能力，鼓励孩子用语言表达内心感受。当孩子关心家人时，引导他们说出贴心话语。同时，教导孩子通过实际行动表达关心。通过不断实践，让孩子学会用恰当方式传递温暖心意。

· 培养观察习惯，提升感知他人情绪的敏锐度

孩子往往对家人的情感变化和需求缺乏敏锐感知，这导致他们难以提供及时的关心。家长要培养孩子的观察习惯，引导他们留意家人的表情、语气和行为。日常交流中，与孩子聊聊家人的情绪状态，帮助他们理解不同情绪背后的原因。通过长期培养，让孩子逐渐学会关注他人的情绪，培养其关心他人的意识。

夸孩子金句实例

当孩子开始有关心他人的意向时，可以这样肯定他 / 她：

1363. “宝贝，我发现你刚刚看妈妈的眼神里充满了关心，妈妈心里很感动啊。”

1364. “我看到你有想关心爸爸的想法，别犹豫，大胆去做。”

1365. “看到你欲言又止，是不是想对奶奶表达关心呀？孩子，说出来吧，奶奶会很欣慰的。”

1366. “你看到今天同学考试不好很伤心，想给她一个拥抱是不是，你这个想法很棒！”

1367. “宝贝，你开始有想关心家人的念头了，这是个很棒的开始。”

1368. “我注意到你好像在观察妈妈的状态，是不是想为妈妈做点什么？”

1369. “我感觉到你心里想着要关心家人，别藏在心里啦，付诸行动吧。”

当孩子通过具体行动关心家人时，可以这样夸奖他 / 她：

1370. “你今天主动帮妈妈洗碗，妈妈轻松多了，你的懂事让妈妈特别欣慰。”

1371. “你和妈妈聊天时，注意到妈妈心情不太好，还想办法逗我开心，我特别感动。”

1372. “你给奶奶送水果的时候，还细心地把水果切成小块，真贴心。”

1373. “你和弟弟玩耍时，看到弟弟摔倒了，立刻去扶他，还安慰他，你真是个有爱心的好哥哥。”

1374. “你今天发现妈妈的手很干，主动给妈妈拿护手霜，你的细心关怀让妈妈心里暖暖的。”

1375. “在家庭聚会中，你主动给长辈们倒茶，大家都夸你是个有礼貌、会关心人的好孩子。”

当孩子为关心家人付出努力时，可以这样鼓励他/她：

1376. “妈妈看到你在努力关心身边的每一个人，你很了不起！”

1377. “你去给生病的奶奶讲故事，虽然声音有点小，但你已经有很大的进步了。”

1378. “你今天为了给爸爸准备惊喜礼物，努力了一整天，爸爸非常感动。”

1379. “我知道关心家人不是一件容易的事，但你一直在努力尝试，加油！”

1380. “在关心别人的过程中，即使一开始没有得到回应，你也没有放弃，这种坚持的精神很可贵。”

1381. “宝贝，你在努力让自己的关心更细致，这种积极的态度真棒！”

当孩子养成关心家人的习惯时，可以这样表扬他 / 她：

1382. “宝贝，你最近能经常关心家人，给我们带来了好多温暖和惊喜，就像是我们家的小太阳。”

1383. “你已经养成了关心家人的好习惯，无论是在生活小事上还是在家人需要的时候，你都能及时送上关心。”

1384. “你关心家人的习惯让家庭氛围越来越好，遇到问题我们能互相支持，这都多亏了你。”

1385. “你养成了关心家人的习惯，这说明你是一个善良、有爱心的好孩子。”

1386. “你现在无论在什么情况下，都能自然地关心家人，这种善良和细心就是你最宝贵的财富。”

1387. “你已经把关心家人变成了自己的习惯，这是一种非常难得的品质。”

缺乏主见？——夸孩子做决定的果断

情景展现

晓鹏是个缺乏主见的孩子，面对选择时总是犹豫不决，需要父母帮他做决定。父母决定通过引导和鼓励，帮助晓鹏学会果断地做决定。

问题分析：孩子缺乏主见就没有自己的判断力

孩子缺乏主见，其危害不容小觑。在面对选择时，他们往往犹豫不决，缺乏自信，这不仅影响他们的决策效率，更可能让他们在关键时刻错失良机。在学习和生活中，缺乏主见的孩子容易随波逐流，难以展现自己的独特性和创造力。此外，他们还可能过度依赖他人的意见，难以培养自己的独立见解和判断力，这将对他们的个人成长和未来发展产生长远的负面影响。

教育思路：培养孩子的果断决策能力

孩子缺乏主见，这一现象的背后往往隐藏着深层次的原因。从孩子的内心世界来看，缺乏自信是主要原因之一。他们可能对自己的判断力和选择能力持怀疑态度，害怕因做出错误的决定而被人嘲笑或批评。此外，对选择结果的恐惧也是不可忽视的因素。孩子可能担心，一旦做出决定，就要承担相应的后果，这种不确定性会让他们感到焦虑和不安。为了帮助孩子培养果断决策的能力，家长和教育者可以从以下几个方面入手。

· 建立自信，鼓励尝试

孩子不敢做出决定，很多时候是害怕选择失败，认为自己无法承担选择的结果。家长应该通过日常生活中的小事，鼓励孩子尝试做出自己的决定。比如，在选择衣物、玩具或活动等方面，让孩子根据自己的兴趣和需求进行选择。同时，家长要对孩子的选择给予积极的反馈和认可，帮助他们逐渐建立起自信心。即使孩子的选择并不完美，也要鼓励他们勇于尝试，因为每一次尝试都是一次学习和成长的机会。

·引导思考，分析后果

孩子选择时的恐惧，很多时候源于对结果缺乏掌控感，以及不愿承担责任。家长可以引导孩子思考每个决定可能带来的后果，帮助他们学会权衡利弊。这不仅可以让孩子更加理性地看待问题，还能让他们明白，每个选择都可能有两面性。此外，还要教孩子勇于承担后果，并从中学习和成长。这样，孩子在面对选择时，才能更加从容不迫地做出决定。

·实践锻炼，积累经验

孩子决策能力的培养并非一蹴而就，需要通过实践锻炼来逐渐提升。家长可以给孩子创造一些需要做出决定的机会，比如参加学校的竞选活动、组织家庭聚会等。在这些活动中，孩子可以学会如何收集信息、分析问题、权衡利弊，并最终做出决定。通过实践锻炼，孩子不仅能积累经验，还能逐渐培养出果断决策的能力。

·鼓励承担，培养责任感

任何决策，可能产生不同的结果，家长要鼓励孩子对自己的决定负责。当孩子做出决定后，无论结果如何，都要引导他们总结和反思，从中汲取经验教训。这样，孩子能更加深刻地认识到自己的决策能力对结果的影响，从而更加珍惜和重视每一次决策的机会。

夸孩子金句实例

当孩子在生活中开始尝试自己做决定时，可以这样肯定他/她：

1388.“你今天自己选了喜欢的衣服穿，看起来特别精神，你的决定真棒！”

1389.“看到你自己选了喜欢的玩具，玩得那么开心，妈妈真的很欣慰。”

1390.“你能自己决定周末的活动安排，真是个有主见的孩子。”

1391.“看到你面对选择时不再犹豫，而是果断地做出决定，真是长大了。”

1392.“你这次自己选了要看的书，而且看得很认真，你的选择真有眼光。”

1393.“你能自己决定要参加哪个兴趣小组，真是勇敢又独立。”

1394.“看到你面对困难时，能果断地做出决定并付诸行动，妈妈真的很开心。”

1395.“你这次自己决定了要去的旅行地点，你的决定让我们都很期待这次旅行。”

1396.“你能自己决定要买的文具，真是个懂得自己需求的孩子。”

当孩子在学习上开始尝试自己做决定时，可以这样夸奖他/她：

1397.“你能自己决定要写的作文主题，还写得那么生动有趣，值得表扬。”

1398.“你这次自己选择了要学习的科学知识，你的好奇心和探索精神值得表扬。”

1399.“你能自己决定要参加哪个学科竞赛，真是个有追求的孩子。”

1400.“你面对学习上的选择时，能果断地做出决定并努力学习，为你点赞。”

1401.“你这次自己选择了要阅读的课外书籍，你的阅读品位真不错。”

1402.“你能自己制定学习计划，真是个懂得时间管理的好孩子。”

1403.“看到你面对学习困难时，能果断地做出决定并寻求帮助，我真的很欣慰。”

1404.“你这次面对难题，所展现的探究精神让人印象深刻。”

1405.“你能自己决定要参加的学习活动，真是个热爱学习的好孩子。”

当孩子在社会交往中开始尝试自己做决定时，可以这样表扬他／她：

1406.“你自己决定了要邀请哪些朋友来参加生日聚会，我都很期待了。”

1407.“你自己决定要和谁交朋友，你的社交能力真强。”

1408.“你这次自己选择了要参与的社会实践活动，你的公益心和责任感让人感动。”

1409.“你能自己决定要如何处理与朋友之间的冲突，真是个懂得沟通的好孩子。”

1410.“你面对不同社交场合时，能果断地做出决定并表现得体，真的很为你开心。”

1411.“你这次自己选择了要参加的学校活动，你的积极参与和团队精神让人赞赏。”

1412.“你能自己决定要如何与他人合作完成任务，真是个懂得团队协作的好伙伴。”

1413.“看到你面对社交压力时，能果断地做出决定并坚持自己的想法，真是很棒。”

1414.“你这次自己选择了要表达的观点和意见，你的勇气和自信让人佩服。”

1415.“你能自己决定要如何与人交往，是个懂得人际交往的孩子。”

嫉妒别人更优秀？——夸孩子懂赞美和欣赏

情景展现

晓敏总是喜欢将自己和别人进行比较，并且她还会嫉妒比自己优秀的人。老师了解到晓敏这个情况后，决定要教会她赞美和欣赏别人。

问题分析：嫉妒心过重影响孩子的社交

首先，嫉妒这种情绪会扭曲孩子的心态，让他们无法正视自己的不足，而是将精力放在贬低他人上，这不利于孩子形成健康、积极的人格。其次，嫉妒心理可能导致孩子与他人的关系紧张，甚至引发冲突，影响他们的社交能力和人际关系。再者，长期处于嫉妒情绪中，孩子可能会扭曲自己的目标：他们会把“超越他人”当作成功的标准，而忽视了自身真正的成长需求。

教育思路：引导孩子学会赞美和欣赏

孩子嫉妒他人，其根源往往在于内心的不安全感和自我价值感的不足。在成长过程中，孩子可能会因为种种原因，如家庭环境、学校表现、社交能力等，而产生自卑心理。这种自卑感导致他们难以正视自己的不足，反而过度关注他人的优点和成就，从而引发嫉妒情绪。此外，孩子可能缺乏对他人的正确认知，无法理解和欣赏他人的闪光点，这也加剧了嫉妒心理的产生。

· 发现孩子的闪光点

家长在育儿过程中，有时会不自觉地关注孩子的缺点和不足，而忽略了他们的优点和进步。这种做法容易让孩子感到被否定，进一步加剧自卑心理。所以，家长应该转变思维方式，多关注孩子的优点和进步，及时给予肯定和表扬。这不仅能增强孩子的自信心，还能让他们感受到家长的认可和支持。比如，当孩子完成一项任务时，家长可以表扬他们的努力和成果，让他们明白自己的价值所在。

· 引导孩子欣赏他人

孩子在成长过程中，往往缺乏对他人的正确认知，容易将他人视为竞争对手，而忽视了他们的优点和成就。这种心态不仅容易引发嫉妒情绪，还会影响孩子的社交能力和人际关系。因此，家长应该在日常生活中引导孩子观察并赞美他人的优点。当看到其他孩子表现优秀时，家长可以引导孩子思考，自己可以从中学习到什么。通过这种方式，孩子能够逐渐学会欣赏他人的闪光点，还能培养孩子包容和谦逊的心态。

· 鼓励孩子表达赞美

有些孩子虽然能够发现他人的优点，但缺乏勇气或习惯去表达赞美。这可能导致他们错过与他人建立良好关系的机会，同时也可能抑制他们社交能力和同理心的培养。家长应该鼓励孩子勇敢表达赞美。当孩子发现他人的优点时，家长可以引导他们用恰当的语言来表达赞美。通过这种方式，孩子不仅能够培养社交能力，还能学会从他人的角度思考问题，增强同理心。

夸孩子金句实例

当孩子懂得赞美和欣赏他人时，可以这样肯定他/她：

1416. “你真的很棒，能看到别人的优点并真诚赞美，这展现了你的宽广心胸。”

1417. “看到你能欣赏别人的优秀之处，我为你感到骄傲，说明你有着一颗美好的心灵。”

1418. “你真的很会欣赏他人，这样的你，内心一定充满了阳光。”

1419. “能赞美别人的优秀，这说明你有双发现美的眼睛，这很难得。”

1420. “看到你对别人的优秀表示赞赏，就知道你正在学会欣赏他人。”

1421. “能发现别人的优秀，说明你也在逐渐变得优秀。”

当孩子主动赞美他人的成就时，可以这样鼓励他 / 她：

1422. “你主动赞美别人的成就，这说明你有很强的包容心。”

1423. “宝贝，能对别人的成就表示赞赏，这展现了你的谦逊和尊重！”

1424. “你能看到并赞美他人的成功，这让我看到了你的包容和胸怀。”

1425. “你对别人的赞美，是对他们努力的认可，这样的你真的很值得学习。”

1426. “你赞美别人的成就时，展现出了你内心的真诚。”

1427. “赞美他人成就，承认别人强，是自己进步的开始。”

当孩子能够欣赏并学习他人优点时，可以这样表扬他 / 她：

1428. “你真的很会欣赏他人的优点，并且还能从中学习，你真聪明！”

1429.“能欣赏别人的优点，并转化为自己的动力，这样的成长方式真的很棒。”

1430.“能敏锐地发现别人的优点，并愿意从中学习，这真的很难得。”

1431.“看到你欣赏他人的优点，并努力提升自己，我知道你在不断进步。”

1432.“你能从别人的优秀中汲取力量，这样的你真的很了不起。”

1433.“学习他人的长处，以此来提升自己，你真是个很上进的孩子。”

当孩子开始懂得欣赏他人的努力和付出时，可以这样夸奖他/她：

1434.“能够欣赏他人的努力和付出，这样的你真的很体贴、很善良。”

1435.“你对别人的努力和付出表示赞赏，说明你懂得尊重他人的劳动成果。”

1436.“你能看到并欣赏他人的努力和坚持，这样的你真的很值得称赞。”

1437.“能对别人的努力和付出给予肯定，这样的你真的很会鼓励他人。”

1438.“你能欣赏他人的努力和付出，这让周围的人都感到温暖。”

当孩子能平衡自己的心态，不嫉妒他人的优秀时，可以这样肯定他 / 她：

1439. “能够平衡自己的心态，不嫉妒他人的优秀，孩子，你成长了很多，也更成熟。”

1440. “你能够欣赏他人的优秀，而不产生嫉妒之心，这说明你有正确的价值观。”

1441. “你能够以平和的心态看待他人的优秀，这样的你真的很值得敬佩。”

1442. “不嫉妒他人的优秀，而是选择欣赏和学习，这样的你真的很棒。”

1443. “你能够保持一颗平常心，不因为别人的优秀而心生嫉妒，你真的很棒！”

1444. “每个人都有自己的闪光点，你能放平心态，不嫉妒他人，这很可贵。”

缺乏公平意识？——夸孩子处理事情的公正态度

情景展现

豆豆在处理问题时总是缺乏公平意识，无论是玩游戏还是分配物品，他总是以自己的利益为先。妈妈决定帮助豆豆学会公正地处理问题。

问题分析：缺乏公平意识容易变得自私自利

孩子缺乏公平意识，容易变得自私自利，不顾及他人的感受和需求，这会导致他们在社交中受到排斥，难以建立良好的人际关系。同时，缺乏公平意识的孩子在团队合作中也难以发挥作用，因为他们不愿意与他人分享资源和成果，从而影响整个团队的效率和成果。久而久之，这样的孩子可能会被孤立，很难交到朋友。

教育思路：培养孩子公正处理问题的态度

孩子缺乏公平意识，往往是因为在家庭或社会中接触到不恰当的示范，或者是因为自身的认知发展水平有限，无法正确理解公平的含义和重要性。家长应通过积极的引导和教育，帮助孩子树立正确的公平观，培养他们的公正态度。

· 培养孩子公正处理问题的认知

孩子对公平的认知是一个逐步建立的过程。在成长过程中，他们可能会因为家庭、社会环境中的不公平现象，或者由于自身认知水平的限制，而难以形成正确的公平观。家长可以通过日常生活中的小事，如分配玩具、食物等，向孩子传递公平的原则和重要性。同时，家长也要以身作则，自己在处理事情时保持公正和公平，为孩子树立榜样。通过这样的教育方式，孩子不仅能够正确理解公平的含义，还能学会在实际生活中运用公平原则。

· 引导孩子关注他人需求

缺乏公平意识的孩子，往往过于在意自己的需求，而忽略他人感受，在别人眼里也会变成不善解人意、不会换位思考、不会和他人共情的人。家长应引导孩子关注他人的需求，学会站在他人的角度思考问题。这样，孩子在处理事情时就会更加注重公平和公正，避免自私自利的行为。

· 通过故事讲述和角色扮演增强孩子公平意识

除了日常生活中的实践教育，家长还可以通过讲述具有公平主题的故事或组织角色扮演游戏来增强孩子的公平意识。选择那些强调公平、正义和同理心的故事，在讲述过程中，家长可以引导孩子思考故事中的公平行为及其后果，让孩子从中汲取教训。此外，角色扮演游戏也是一个很好的教育方式。家长可以设计一些场景，如分配任务、解决冲突等，让孩子在游戏中扮演不同的角色，体验公平与不公平带来的不同结果。通过这样的体验，孩子将更深刻地理解公平的重要性，并在实际生活中努力践行公平原则。

夸孩子金句实例

当孩子意识到不公平是错误的，可以这样肯定他 / 她：

1445. “你真的很棒，能这么快就认识到不公平是不对的，真是个有见解的孩子。”

1446. “看到你意识到不公平行为的错误，我为你感到骄傲，你有着强烈的正义感。”

1447. “你的观察力真强，能发现事情的不公平之处，这很难得，继续保持哦。”

1448. “你能意识到不公平行为的错误，说明你的内心很善良，值得表扬！”

1449. “你的公正意识正在觉醒，这太棒了！你正在成为一个有原则的人。”

1450. “你能指出不公平，真是勇敢又正直，我为你点赞。”

1451. “你对不公平行为的关注和反感，证明了你内心的纯净和正直。”

1452. “你能这么快就明白不公平是不好的，真是个聪明的孩子。”

1453. “你的公正观念很强，看到不公平的行为敢于发声，真是个有担当的人。”

1454. “你能意识到不公平行为的错误，说明你在成长，我很欣慰。”

1455. “你对公平的坚守和追求，让我看到了未来的希望。”

当孩子表现出公正态度时，可以这样鼓励他 / 她：

1456. “你的公正态度真的很让人佩服，你做得太棒了！”

1457. “看到你这样公正无私，我真的很开心，你真是个好孩子。”

1458. “你的公正态度让我觉得你真的很值得信任。”

1459. “你能如此公正地对待每个人，大家都很信任你。”

1460. “宝贝，你的公正态度让我深受感动。”

1461. “你能保持公正，不偏袒任何一方，这真的很难得。”

1462.“孩子，你的公正无私让我看到了你的善良和正直。”

1463.“你能坚守公正原则，真是个有原则、有底线的人。”

1464.“你的公正态度让我看到了你的勇气和担当，你真的很了不起。”

1465.“你能如此公正地处理问题，真是个聪明又理智的孩子。”

1466.“孩子，你能保持公正的处事原则，不受外界干扰，比有些成年人都做得好。”

当孩子能在处理问题时做到公平公正，可以这样表扬他 / 她：

1467.“你能做到公平公正，真是个值得信赖的人。”

1468.“你在处理问题时的公平公正态度让我深受启发，孩子你做得很好。”

1469.“你能公平地对待每个人，这种处事的原则性令人钦佩。”

1470.“孩子，你处事公平的态度，让我看到了你的责任心。”

1471.“你能做到公平公正地处事，不偏袒和自己关系好的同学，这真的很难得，我为你点赞。”

1472.“你能坚守公平公正的原则，这让我看到了你的成长和成熟，你真的很值得尊重。”

1473.“孩子，公平公正是你高尚品质的体现，你是我们眼中的榜样。”

玩游戏输不起？——鼓励孩子正确看待输赢

情景展现

皮皮在玩游戏时总是无法接受失败，一旦输了就会大哭大闹，甚至拒绝继续玩。爸爸决定帮助皮皮学会正确看待输赢。

问题分析：输不起的心态限制孩子的成长

孩子输不起，缺乏面对挑战的勇气，容易产生挫败感和自卑心理。而且，输不起的孩子往往过于看重结果，却忽视了过程中的乐趣和学习机会，这会限制孩子的成长和发展。此外，输不起的心态还会影响孩子的社交，因为孩子无法接受他人的成功，久而久之，就可能导致其远离群体，被他人孤立。

教育思路：培养孩子正确的输赢观，增强孩子的心理韧性

孩子输不起，往往是因为对于输赢的认识存在偏差，不能以平常心对待游戏的结果。他们担心失败，害怕失败，缺乏面对失败的勇气和策略。家长应通过积极的引导和教育，帮助孩子树立正确的输赢观，增强他们的心理韧性。

· 培养孩子正确的输赢认知

有的孩子胜负欲太强，害怕失败，总想自己赢，对输赢没有一个正确的认识。家长可以通过讲故事、做游戏等方式，向孩子传达“输赢乃兵家常事”的观念，让孩子明白失败是成功之母。同时，家长也要以身作则，自己在面对失败时保持积极的心态，为孩子树立榜样。通过这样的教育方式，孩子不仅能够正确看待输赢，还能学会从失败中汲取教训，为未来的成功打下基础。

· 引导孩子享受过程，关注成长

孩子过于在意游戏的输赢，就不能在游戏中得到放松和娱乐，家长应鼓励孩子关注游戏或比赛的过程，享受其中的乐趣和学习机会。无论输

赢，都要引导孩子反思过程中的表现，找出可以改进的地方。这样，孩子就能从每次经历中获得成长，而不是仅仅纠结于结果。

· 增强孩子的心理韧性

每个孩子的心理承受能力都不一样，这和家长的教育息息相关。家长可以通过日常生活中的小事，如设置小挑战、鼓励孩子尝试新事物等方式，锻炼孩子的心理韧性。当孩子面对失败时，家长要给予支持和鼓励，帮助孩子建立自信，让他们明白失败并不可怕，只要努力就能克服困难。

夸孩子金句实例

当孩子面对失败没有哭闹时，可以这样表扬他 / 她：

1474. “你这次输了游戏但没有哭，真的很棒，妈妈为你骄傲。”

1475. “你能平静地接受失败，真是个勇敢的孩子。”

1476. “看到你面对失败时这么冷静，妈妈知道你已经长大了。”

1477. “你能坦然接受游戏的结果，输了也不闹情绪，表现太棒了。”

1478. “这次输了游戏，但你没有气馁，真的很了不起。”

1479. “你的坚强让妈妈很欣慰，输了也不哭，你真是个小勇士。”

1480. “你能在失败面前保持冷静，这种心态非常难得，值得表扬。”

1481. “你真的很棒，输了游戏也不哭闹，是个懂事的孩子。”

1482. “你的情绪管理做得很好，游戏失败也没有发脾气。”

1483. “孩子，你真是长大了，玩游戏虽然输了，但是能用平常心对待这个结果。”

当孩子在失败中得到成长时，可以这样夸奖他 / 她：

1484. “你每次失败都能有所收获，真是个爱学习的好孩子。”

1485. “这次虽然输了，但你找到了改进的方法，下次一定会更棒的。”

1486. “你能从失败中汲取教训，这种智慧会让你变得更强大。”

1487. “你从失败中找到了自己的不足，并努力改进，真是个了不起的孩子。”

1488. “你这次虽然输了，但找出了自己的不足，这就是最大的收获。”

1489. “你能从失败中找到进步的空间，真是太聪明了。”

1490. “你在逆境中不急不躁，耐心分析，还能学到知识，真的了不起。”

1491. “你真的很棒，能从失败中找到成长的机会，说明你是一个有远见的孩子。”

当孩子在挑战中不放弃时，可以这样肯定他／她：

1492. “你面对困难时没有放弃，真是个有毅力的孩子。”

1493. “你能坚持挑战自己，这种勇于挑战的精神值得表扬。”

1494. “看到你不断努力的样子，妈妈真的很感动。”

1495. “你每次都能克服困难，真是个了不起的孩子。”

1496. “这次挑战虽然很难，但你没有退缩，真的很棒。”

1497. “你的坚持和努力让爸爸看到了你的成长和进步。”

1498. “你能在挑战中不放弃，这种精神会让你在未来的道路上走得更加坚定。”

1499. “你真的很棒，面对困难时从不退缩，是个真正的勇士。”

1500. “看到你为了达成目标不断努力，妈妈真的为你感到骄傲。”

1501. “你的毅力和决心让你在挑战中不断进步，并成为小伙伴的好榜样。”

心态消极？——夸孩子逆境中的乐观

情景展现

晓迪考试成绩不理想，心情很沮丧，妈妈鼓励他："一次没做好没关系，下次努力就好。"

问题分析：消极心态对孩子成长的负面影响

消极的心态会让孩子陷入自我怀疑，面对困难时缺乏应对的勇气，容易逃避或放弃，导致错失成长的机会。长期处于消极情绪中，会影响孩子的心理健康，导致他们失去对生活的热情和动力，变得沉闷、孤僻，甚至产生自卑和抑郁等严重的心理问题。家长需要及时关注孩子的情绪变化，帮助他们培养积极乐观的心态，学会在逆境中寻找希望和力量。

教育思路：培养乐观心态，增强抗挫能力

孩子在成长过程中，可能会经历一些挫折，如成绩不佳、同学关系处理不好等，这些挫折导致心态消极，产生不良情绪，甚至严重厌学，无法正常生活和学习。面对孩子的消极心态，家长需要给予足够的理解和支持，帮助他们认识到困难和挫折是成长的一部分。通过引导孩子积极面对问题，培养他们的乐观心态和抗挫能力，让他们学会在逆境中保持希望和信心。

· 识别消极情绪，理解孩子心理

孩子心态消极，可能是学业压力、人际关系困扰、对自我期望过高或与同龄人比较带来的挫败感所致。这些因素让孩子感到焦虑、沮丧，甚至自我怀疑。家长应耐心倾听孩子的内心想法，尝试站在孩子的角度理解他们的困扰。不要急于给出解决方案，而是先给予情感上的支持和安慰，让孩子感受到被理解和认可。同时，引导孩子正确看待自己的优势和不足，帮助他们建立合理的期望和目标。

·引导积极思考，寻找解决方案

孩子在面对困难时，往往容易陷入消极思维，如“我做不到”“我失败了”。这种消极思维会限制他们的行动，使他们更加无助和沮丧。家长此时需要引导孩子从积极的角度看待问题，如“这次失败是学习的机会”“可以尝试不同的方法”等。与孩子一起分析问题，制定改进计划，并鼓励他们尝试不同的解决方案。通过实践，孩子会逐渐学会积极应对困难，获得解决问题的能力和信心。

·夸赞乐观态度，强化正面反馈

长期受到消极情绪的影响会削弱孩子的内在动力，使他们更加难以走出困境。当孩子表现出积极乐观的态度时，家长应及时给予肯定和鼓励。这种正面反馈能激发孩子的内在动力，让他们更加坚信自己的能力和价值。同时，家长可以引导孩子思考乐观心态的好处，如增强自信心、提升幸福感等。通过不断的正面强化，孩子会逐渐形成乐观的心态，更加积极地面对生活中的挑战。

夸孩子金句实例

当孩子从失败中振作起来时，可以这样鼓励他/她：

1502. “你这么快就能从失败中振作起来，真的很棒！”

1503. “看到你能积极面对问题，妈妈真的很开心！”

1504. “你这次虽然遇到了困难，但你没有放弃，这份坚持真的很了不起！”

1505.“你总是能看到事情好的一面，这种乐观的心态真的很珍贵！”

1506.“看到你面对挫折表现得这么乐观，妈妈也被你感染了，让我们一起加油！”

1507.“你在逆境中主动振作的精神令人刮目相看。”

当孩子积极寻找解决方案时，可以这样夸赞他 / 她：

1508.“你能主动想办法解决问题，真的很厉害。”

1509.“看到你这么积极地面对挑战，爸爸真的很为你骄傲。”

1510.“你总是能找到问题的关键，这种思维能力真的很强。”

1511.“你这次的表现真的很出色，你用自己的智慧解决了问题。”

1512.“看到你逆境中这么有主见，妈妈真的很放心。”

1513.“这次你解决难题的办法非常巧妙，我们都很佩服你呀。”

当孩子保持乐观心态时，可以这样肯定他 / 她：

1514.“你总是能保持坚强乐观的心态，这种精神真的很值得学习。”

1515.“看到你这么积极向上，妈妈真的很开心。”

1516. “你这次虽然遇到了挫折，但你没有被打倒，这份坚强真的很棒。”

1517. “你总是能看到希望，这种乐观的态度很珍贵。”

1518. “看到你这么阳光，妈妈也被你感染了，我们一起努力。”

1519. “乐观的心态会感染他人，看到你这么乐观上进，我都觉得很开心。”

1520. “有个好心态，即便最终问题没能圆满解决，也没什么大不了。”

1521. “你遇到挫折时，能如此乐观和豁达，让人佩服，以后一定会有所成就。”